Antonio Foderaro
Maria Emanuela Arena

# Profili di Filosofia del Diritto

Antonio Foderaro
Maria Emanuela Arena

# Profili di Filosofia del Diritto

## Individuo e comunità

**Edizioni Sant'Antonio**

**Imprint**
Any brand names and product names mentioned in this book are subject to trademark, brand or patent protection and are trademarks or registered trademarks of their respective holders. The use of brand names, product names, common names, trade names, product descriptions etc. even without a particular marking in this work is in no way to be construed to mean that such names may be regarded as unrestricted in respect of trademark and brand protection legislation and could thus be used by anyone.

Cover image: www.ingimage.com

Publisher:
Edizioni Accademiche Italiane
is a trademark of
Dodo Books Indian Ocean Ltd. and OmniScriptum S.R.L publishing group

120 High Road, East Finchley, London, N2 9ED, United Kingdom
Str. Armeneasca 28/1, office 1, Chisinau MD-2012, Republic of Moldova, Europe
Managing Directors: Ieva Konstantinova, Victoria Ursu
info@omniscriptum.com

Printed at: see last page
**ISBN: 978-613-8-39177-7**

Antonio Foderaro – Maria Emanuela Arena

# Profili di Filosofia del Diritto

# Indice

# Abbreviazioni e sigle

| | |
|---|---|
| Aa. Vv. | Autori Vari |
| citato/it | cit. |
| Confronta | cfr. |
| ecc. | eccetera |
| Ibidem | ibid. |
| Id | Idem/stesso autore |
| opera citata | op. cit. |
| p./pp. | Pagina/pagine |
| vol. | volume |

# Introduzione

Dire filosofia del diritto significa entrare in una regione dove confluiscono la scienza del diritto e la filosofia. L'incontro di queste due correnti è ricco di scontri e di urti. Se fino all'inizio del Novecento la filosofia del diritto si è limitata ad applicare filosofie generali al fenomeno giuridico, nel corso del Novecento la filosofia del diritto è diventata una branca autonoma della filosofia che svolge un compito diverso dall'applicare una filosofia generale al fenomeno giuridico: essa analizza il linguaggio dei giuristi e riflette sui presupposti sia conoscitivi che normativi dell'attività del giurista[1]. Le tematiche principali di cui si è occupata la filosofia del diritto corrispondono a varie epoche storiche. Questo non toglie tuttavia che l'impostazione prevalente in una certa epoca non sia persistita – magari diventando minoritaria – in un'epoca successiva. Il tema fondamentale che ha caratterizzato la riflessione filosofica sul diritto dalle origini (dalla Cultura Greca fino al Settecento) è quello della giustizia. Il nesso fra diritto e giustizia era fortissimo nella riflessione portata avanti nel V sec. A.C. in Grecia[2]. Il termine *dikaion* – letteralmente giusto – indicava indistintamente il diritto, la morale e altri valori etici[3]. L'idea di una stretta connessione fra diritto e morale è stata difesa dal giusnaturalismo – corrente giusfilosofica dominante fino a tutto il Settecento, ed in crisi nell'Ottocento, con il diffondersi delle Codificazioni e con l'affermarsi della filosofia opposta – giuspositivismo - e in buona parte del Novecento, ma ritornata in auge sotto nuove vesti negli ultimi decenni con il costituzionalismo[4].

---

[1] Cfr. H. KELSEN, *Teoria generale del diritto e dello stato*, Etas, 2000.
[2] Cfr. M. BARBERIS, *Breve storia della filosofia del diritto*, Il Mulino, Bologna 2004.
[3] Cfr. N. LIPARI, *Diritto e valori sociali: legalità condivisa e dignità della persona,* Studium, Roma 2004.
[4] Cfr. N. BOBBIO, *Teoria generale del diritto*, Giapichelli, Torino 1993.

Il filosofo del diritto Del Vecchio considera questo settore della filosofia come *«la disciplina che definisce il diritto nella sua universalità logica, ricerca le origini e i caratteri generali del suo svolgimento storico, e lo valuta secondo l'ideale della giustizia desunto dalla pura ragione»*[5]. Per Del Vecchio tre sono i problemi fondamentali della filosofia del diritto:

1. Il *problema logico*, cioè la ricerca della definizione del diritto che indichi gli elementi costitutivi di ogni ordinamento giuridico. E' la ricerca della causa materiale e formale del diritto.
2. Il *problema ontologico*, cioè la ricerca del fondamento del diritto. E' la ricerca della causa efficiente del diritto, cioè della fonte da cui trae valore ogni sistema legale
3. Il *problema deontologico*, cioè la ricerca del metodo del diritto, che valuta il diritto esistente secondo giustizia e da cui il diritto riceve la norma regolatrice della propria vita.[6]

La filosofia del diritto ha dunque come prima finalità lo studio critico dei principi dei sistemi giuridico scientifici. Il giurista positivo invece si accontenta di avere un punto di partenza che non discute, costituito dalle proposizioni normative emananti dal potere politico. La filosofia del diritto ci aiuta ad esplicitare il fondamento del diritto, cioè a tirar fuori qualcosa che già c'è (Kant, trascendentale: la condizione a priori del pensiero). In qualche modo la filosofia del diritto studia il trascendentale del diritto cioè la condizione di pensabilità del diritto (la condizione che io ho nel mio pensiero per poter pensare davvero il diritto). Ma la filosofia del diritto studia anche la condizione di possibilità del diritto, cioè quali sono le condizioni a priori per cui posso dire che il diritto è possibile.

Quindi possiamo affermare che l'approccio scientifico al diritto è uno studio *a posteriori* cioè prende atto del diritto che esiste già, mentre l'approccio

---

[5] G. DEL VECCHIO, *Lezioni di filosofia del diritto*, Milano, 1965, pp.192-194.
[6] *Idem*, p. 197-198.

filosofico è uno studio *a priori* cioè studia le condizioni di pensabilità e di possibilità del diritto. Se si ammette che il compito del diritto è di fare da arbitro fra valori concorrenti, si deve riconoscere che le decisioni giuridiche si trovano inconsapevolmente fondate su principi assiologici, per la cui esplicitazione è necessario ricorrere alla filosofia[7]. Tale tesi corrisponde a quello del più autorevole autore del diritto naturale, San Tommaso d'Aquino, per il quale la legge umana deve essere conforme ai principi della ragione, non è legittimata solo dalla volontà o dall'arbitrio di chi comanda; l'obiettivo è sempre il bene comune, inteso non solo in senso materiale, ma anche come spinta alla virtù. Questo ci porta a pensare che l'intento di Tommaso non sia primariamente filosofico-giuridico, bensì filosofico-morale e teologico. L'Aquinate è fautore di una visione classica del diritto inteso nei termini di un ordinamento concreto: in questa prospettiva emerge la concezione tradizionale del diritto naturale, che poco o nulla ha a che vedere con quella proposta dai teorici del diritto naturale moderno. In questo intervento si prende in considerazione, anche, il pensiero empatico della Edith Stein, filosofa ebrea, che analizza i fenomeni umani a partire dal diritto. Dalla comunità nasce il diritto. Per lei i diritti non possono essere radicati sull'interesse individuale o sul bisogno della massa; non deve essere una libertà di, né una libertà da, ma una libertà con affinchè possa esserci una convivenza dignitosa. All'interno di una società immateriale si ha un arricchimento non attraverso la separazione dei saperi ma con la condivisione di questi. La condivisione è empatia. La Stein, nella sua tesi di laurea, studiò approfonditamente l'atto di empatia e lo spiega come quell'atto attraverso il quale si coglie un vissuto estraneo in modo non-originario. Per illustrare l'empatia, fa l'esempio seguente: «Un amico viene da me e mi dice di aver

[7] I diversi orientamenti teorici non concordano sui contenuti della filosofia del diritto. Ad esempio, per l'orientamento giusnaturalista la filosofia del diritto comprende il compito ontologico e quello deontologico; mentre il giuspositivismo riserva alla filosofia del diritto i compiti deontologico e metodologico, configurando il compito ontologico nella forma della *teoria del diritto*, dunque in senso strettamente scientifico.

perduto un fratello e io mi rendo conto del suo dolore. Che cos'è questo rendersi conto?». Nell'esempio l'empatia consiste nel cogliere il dolore dell'amico, come il suo dolore, cioè appunto come un dolore non originario rispetto al proprio vissuto. Sulla base di questo si sviluppa il diritto; infatti l'epicentro del diritto è la persona. Solo a partire da questa si sviluppa il diritto attraverso la testualità giuridica, le leggi, lo stato. Alla base di uno stato deve esserci la dignità della persona. La società è basata sull'utile, la comunità sul gratuito. La comunità è la relazione di persone. Le persone si relazionano quando riconoscono l'alterità cioè trattano un soggetto non secondo il suo ruolo burocratico ma tenendo presente il principio di uguaglianza nella differenza e non ledendo quindi la sua dignità. Agnes Heller, filosofa ebrea contemporanea, che ha vissuto periodo drammatico dell'Olocausto, ci offre la teoria del buon cittadino che è l'emblema della società moderna, perché non si lascia atrofizzare dal vuoto che incombe nella società di oggi ma reagisce impegnandosi[8]attraverso la dinamicità di azioni rette, orientate alla giustizia.

[8] Cfr. A. HELLER, *Senza il nostro impegno*, in «La non violenza è in cammino», 165, 30 marzo (2001).

Capitolo I

# Il fondamento del diritto

SOMMARIO: 1.1 Il Diritto, la norma e la persona - 1.2 Originalità e attualità di Tommaso d'Aquino nella filosofia del diritto - 1.3 Diritto naturale come ordine della natura - 1.4 Il presupposto etico del diritto: il bene comune - 1.5 Quando il diritto è giusto - 1.6 Compito del giurista di fronte al diritto ingiusto - 1.7 Dimensione giuridica e dimensione caritativa

## 1.1 Il Diritto, la norma e la persona

La concezione moderna prevede che il diritto si identifichi con la norma e quindi all'uomo basterebbe seguire la norma per poter agire secondo giustizia. Infatti, in un senso generale, il diritto è definito come un sistema di leggi poste da un potere sovrano al fine di regolare i rapporti fra i cittadini o come insieme di valori superiori a qualsiasi legislazione positiva. Il diritto, inoltre, è il giusto, che è l'oggetto della legge, oggetto della virtù di giustizia, è un bene, è l'azione che si deve valutare con criterio fornito dalla finalità essenziale della vita, dal rapporto di esso con la persona umana. Tuttavia, concepire il diritto in modo solamente formale significa ridurlo a pura tecnica, separandoli dai valori morali e a pura manifestazione del potere che nel potere stesso trova giustificazione. La storia ci ha dimostrato come tale modo di concepire il diritto, basato sulla superiorità del diritto oggettivo e dell'autorità che lo pone sul patrimonio giuridico proprio dell'uomo, abbia portato l'umanità al fondo di un baratro. Il diritto così concepito si riduce solo al fatto empirico della norma slegandosi da ogni valutazione sul suo contenuto.

Da questa prospettiva, una delle questioni fondamentali della filosofia del diritto, forse “il problema della legge” per antonomasia, è spiegare come possa un giudizio esterno all’uomo modificare i suoi atti. In altri termini: come agisca la legge sulla condotta dell’uomo. La questione è così fondamentale, così co-essenziale al concetto stesso di legge, che risulta relativamente indifferente il modo in cui si concepisca l’azione umana che essa intende modificare. Basta che si conceda che il principio dei movimenti dell’uomo è sempre interno all’uomo stesso[9]. Non è rilevante se questo accada per impulsi meccanici o per libera scelta; la cosa importante è che l’uomo agisce solo da se stesso e allora, per modificare la sua condotta dal di fuori, è necessario trovare un modo di agire sul principio interno dei suoi atti. Ma un giudizio imperativo altrui, in quanto tale, è assolutamente estrinseco a quel principio interno dell’azione e, di conseguenza, è incapace di modificarlo[10]. Spiegare l’efficacia della legge, allora, significa spiegare in che modo un giudizio imperativo dell’autorità diventi principio soggettivo della propria azione; significa spiegare il modo in cui questo giudizio esterno si fa interno all’uomo. E’ chiaro che analizzare il concetto di diritto e di legge porta ad aggrapparci alla metafisica che diventa presupposto della filosofia del diritto e dell’etica razionale e ne è il fondamento[11]. La metafisica, così, non è solo speculazione o una serie di semplici astrazioni verbali, ma la scienza che conduce lo spirito umano a quei concetti basilari di essere, verità, di fine, di bene e di giusto, a quelle prime cause, senza le quali non vi può essere scienza morale e giuridica. Di qui la necessità di una sana filosofia anche per il diritto che giustifichi il diritto stesso.

---

[9] Cfr. S. PINKAERS, *Le fonti della morale cristiana. Metodo, contenuto, storia* , Ares, Milano 1992, p. 201.

[10] Cfr. AA. VV., *Prospettive di filosofie del diritto del nostro tempo*, Giappichelli, Torino 2010.

[11] R. PIZZORNI, *La filosofia del diritto secondo S. Tommaso d’Aquino*, Studio Domenicano, Bologna 2003, 23-24.

Infatti, la metafisica è il presupposto della filosofia del diritto e dell'etica razionale e ne è il fondamento. Non si tratta di una mera riflessione teorica ma, piuttosto, di una riflessione che possa contribuire a qualche forma di progresso sociale e giuridico[12]. Riflettere sul fenomeno giuridico, del resto, può portare il cittadino a comprendere le ragioni che stanno dietro al diritto e di conseguenza – ove queste ragioni in casi particolari non convincano - ad assumere un atteggiamento critico nei confronti di questa o quella norma. Riflettere sul fenomeno giuridico può aiutarci a comprendere meglio il nostro mondo. Sicché lo sguardo sul fenomeno giuridico è una lente attraverso cui comprendere gli affari umani[13]. La nostra è un'epoca profondamente travagliata da una crisi dei valori: l'autorità, l'amore, la morale, la giustizia, il diritto, l'onore e da una crisi dell'idea di verità. Anche se si ammettono dei valori, questi mancano spesso di un fondamento solido, sostanziale, per cui anch'essi vengono a essere indissolubilmente legati alla temporalità e alla spazialità, facendo prevalere individualismo e soggettività. Non volendo più ammettere un bene e un giusto oggettivi, ci si rifugia in un inconcludente logica del diritto, che come pura logica formale può essere riempita di qualunque materia giuridica, giusta o ingiusta, morale o immorale, perché come logica ha ugualmente valore indipendentemente dal contenuto. Si arriva, così, oggi, a parlare di scienza del diritto, di principi generali del diritto, ma non più di filosofia del diritto.

## 1.2 Diritto naturale come ordine della natura

Il significato di "*diritto naturale*" può essere ricondotto all' idea pitagorica dell'universo come un tutto ordinato - come *kosmos* – e alla stessa

[12] Cfr. R. PIZZORNI, *Diritto, etica e religione*, Studio Domenicano, Bologna 2006, pp. 39-57.
[13]F. D'AGOSTINO, *Il diritto come problema teologico ed altri saggi di filosofia e teologia del diritto*, Giappichelli, Torino 1997.

concezione greca della natura (*physis*) come principio dinamico, intrinseco e intelligibile (*teleologico*) che determina che cosa le cose siano e, quindi, in che modo abbiano origine, da dove vengano e come si muovano verso i loro fini.

Questo significato include le regolarità e le correzioni necessarie tra gli eventi fisici per le quali è più comune utilizzare l'espressione "*leggi della natura*" così da distinguere meglio una sfera scientifica da un discorso propriamente morale[14].

Il carattere intelligibile della natura è per i greci la fonte della giustizia naturale e dell'agire dell'uomo. L' essere umano non può sfuggire alla spinta delle proprie inclinazioni, ma può innalzarsi al di sopra di esse con l'intelletto, giudicarle e modulare liberamente il proprio modo di rapportarsi a esse.

Nella concezione greca della conoscenza, ripresa dal pensiero cristiano medioevale, la verità è una certa presenza del conosciuto nel conoscente. Questa presenza, però, avviene secondo la natura del conoscente, non del conosciuto: gli occhi conoscono secondo il colore, ma il conosciuto è in atto colorato solo rispetto agli occhi che lo osservano e al tipo di colore che questi possono osservare[15]. La presenza del conosciuto, per lo stesso motivo, può essere più o meno intensa e perfetta in base, per così dire, al grado di esposizione e di esperienza che ne abbia o faccia, o che ne abbia avuto o fatto, il conoscente. In questo senso, la conoscenza si dice *intenzionale*, e la conoscenza della natura di qualcosa non implica affatto il conoscere tutto di quel qualcosa sotto lo stesso punto di vista. All'opposto dell'agire socratico secondo verità, ci sta la *hybris*, che è l'attitudine (immorale) di non curarsi arbitrariamente del proprio ruolo e posto nell' universo. Contro la negazione sofista della *physis* Platone offre la spiegazione greca più importante della giustizia come armonia di ciascuna parte con un ordine universale della natura[16]. Nella *Repubblica* quest' armonia si

---

[14] Cfr. L. GIANFORMAGGIO, *Filosofia del diritto e ordinamento giuridico*, Giappichelli, 2018.
[15] Cfr. D. M. CANANZI, *Percorsi ermeneutici di filosofia del diritto*, Giappichelli 2012.
[16] Cfr. G. FASSÒ, *Storia della filosofia del diritto*, vol. 1. *Antichità e Medioevo*, Laterza, Roma-Bari 2012.

riversa dall'anima umana, in cui vi è giustizia quando le tre parti di essa interagiscono armoniosamente l'una con l'atra, nella *polis*, in cui vi è giustizia quando le tre classi di cittadini interagiscono armoniosamente l'una con l'altra secondo i rispettivi ruoli e funzioni. Il carattere intelligibile e normativo della natura spiega anche l'idea greca di una giustizia o giusto naturale (*physicon dikaion*) che. al tempo stesso, fonda la giustizia legale (*nomino dikaion*) e la corregge attraverso l'equità (*epieikeia*): "l'equo è sì giusto, ma non è il giusto secondo legge (*nomon*), bensì è un correttivo del giusto legale (*nomimou dikaiou)*". Il significato di diritto naturale come ordine naturale (di *giustizia*) corrisponde a un significato generale del latino *ius naturale* che è a volte tradotto in inglese con *natural law* e a volte con *natural right*. Tuttavia, sia diritto naturale, sia *ius naturale,* sia *natural right* si riferiscono anche comunemente o (1) alla pretesa *(claim)* o potere soggettivo (*facultas*) che il diritto naturale attribuisce a qualcuno, o (2) alla stessa *azione* che, in un certo tempo e luogo, va compiuta in conformità alla giustizia o al diritto naturale. Questo significato può darsi sia nel contesto di una predicazione generica e astratta "a due termini", come nelle espressioni "diritto alla vita" e "diritto alla libertà", sia in quello di una predicazione specifica e concreta "a tre termini", come quando diciamo che T. ha un diritto a ricevere domani diecimila euro da G., che implica la conclusione di un ragionamento su che cosa debba essere fatto tra determinati soggetti secondo la giustizia o il diritto naturale[17]. Nei sistemi giudiziari umani di una comunità politica organizzata, questa conclusione si raggiunge tecnicamente alla fine di un processo nella e attraverso la decisione del giudice. La predicazione a tre termini coincide con quella che in senso classico viene chiamata *relazione di giustizia* tra la cosa dovuta, colui che la deve e colui a cui è dovuta.

---

[17] G. FASSÒ, *Storia della filosofia del diritto,* vol. I*: Antichità e medioevo*, Editori Laterza, 2012

## 1.3 Originalità e attualità di Tommaso d'Aquino nella filosofia del diritto

Nel nostro contesto attuale, le riflessioni di San Tommaso, sul rapporto fra diritto e giustizia, appaiono illuminanti e attuali. Fu per i suoi tempi un progressista, se così possiamo dire, perché in lui, come noto, vi è una duplice necessità che viene salvaguardata: quella di affermare, sul piano teoretico, l'autonomia della ragione, e quello di affermare, sul piano pratico, la sua dipendenza dalla fede[18]. Impianta nel mondo cristiano una filosofia del diritto naturale di impronta razionalistica, conciliando il diritto naturale come prodotto della ragione (di matrice stoico-ciceroniana) con la dottrina cristiana. Esiste un ordine ontologico, una natura delle cose, che comprende anche la natura umana, che la ragione umana è in grado di scoprire. E, come può conoscere la natura dell'universo (delle varie entità), così può pervenire anche a un'etica per l'uomo[19]. Nella comprensione dei fini di Dio, la ragione ha una sua autonomia rispetto alla fede e usa un procedimento di indagine proprio; ma non è in contrapposizione alla fede, la fede completa e perfeziona la ragione[20]. Cioè, la verità può essere raggiunta attraverso due sentieri, fede e ragione; le verità di fede si conoscono solo attraverso la rivelazione; tuttavia la ragione, sebbene su un piano inferiore rispetto alla fede, ha un duplice compito: chiarire le verità della fede e agire autonomamente in alcune sfere della conoscenza di suo esclusivo dominio. Poiché la verità è unica, è certo che non vi saranno scoperte della ragione che contraddiranno le verità di fede. La grazia non abolisce la natura, ma la conduce a perfezione. Questo spazio per la ragione si apre nel campo giuridico e politico. La comprensione delle leggi naturali è possibile anche se uno non crede nell'esistenza di Dio[21]. Pertanto, partendo da questa

---

[18] J. A. WEISHEIPL, *Tommaso D'Aquino. Vita, pensiero e opere*, Jaca Book, 2016.
[19] E. GILSON, *La filosofia nel medioevo*, La Nuova Italia, Firenze 1973, 634.
[20] Cfr. B. MONDIN, *La metafisica di Tommaso d'Aquino e i suoi interpreti*, Studio Domenicano, Bologna 2013.
[21] Cfr. R. SPIAZZI, *Natura e grazia*, Studio Domenicano, Bologna 1991.

base, per l'Aquinate, l'uomo, creato a immagine e somiglianza di Dio, è un essere razionale dotato di libero arbitrio e quindi di responsabilità delle proprie azioni[22].

## 1.4 Il presupposto etico del diritto: il bene comune

Secondo Tommaso la provvidenza divina non comporta un annullamento della libertà umana: Dio ha prescienza dei cosiddetti futuri contingenti, ossia delle azioni dipendenti dalla libertà umana, ma essa non può essere descritta come una conoscenza anticipata di quel che avverrà nel futuro, in una sorta di eterno presente[23]. Dio infatti vede simultaneamente in atto le azioni che invece per gli uomini rientrano nel futuro e risultano pertanto imprevedibili. Questo non significa che Dio predetermini e costringa l'agire degli uomini come una forza esterna, dal momento che nel disegno della provvidenza divina rientra anche il fatto che l'uomo agisce liberamente secondo la propria volontà, cosicché proprio dal libero arbitrio dipende la presenza del male nel mondo[24]. Questo spazio per la ragione si apre nel campo giuridico e politico. Il diritto, cioè l'insieme delle soluzioni *giuste*, è iscritto in un ordine naturale stabilito da Dio, al quale egli stesso obbedisce; il diritto può essere svelato con un uso corretto della ragione. Si resta affascinati studiando il suo perché ha illuminato, non solo il suo tempo ma anche il nostro, richiamando alla comprensione della virtù della Giustizia, evidenziando come il compito primario di essa sia ordinare l'uomo nei rapporti verso gli altri, edificando se stesso per edificare il prossimo, al fine di costruire un sano bene comune, un rigenerato umanesimo[25]. Per San Tommaso il diritto

---

[22] Cfr. C. VIGNA, *L'etica filosofica di Tommaso d'Aquino*, Vita e pensiero, Milano 2005.
[23] S. VACCAREZZA, *Le ragioni del contingente. La saggezza pratica tra Aristotele e Tommaso d'Aquino*, Orthotes, 2012.
[24] Cfr. E. GILSON, *Il Tomismo. Introduzione alla filosofia di San Tommaso d'Aquino*, Jaca Book, 2011.
[25] Cfr. J. A. WEISHEIPL, *Tommaso d'Aquino. Vita, pensiero, opere*, Jaca Book, 2010.

indica prima di tutto l'oggetto della giustizia, la cosa giusta (*res iusta*), ossia la cosa dovuta all'altro seconda una linea di uguaglianza, ed è dovuta all'altro in quanto vi è una relazione, un rapporto necessario che deriva dalla natura delle cose, tra la cosa e la persona che la ritiene come sua. Questa è la concezione realista del diritto. Prima di ogni analisi e a prescindere da essa, c'è un ordine giusto e un altro che non lo è affatto[26]. La legge, in Tommaso, anche se fondata in maniera metafisica, non ha una visione legalistica o assolutistica, bensì è aperta alla contingenza storica con tutte le sue eccezioni e problematicità. La legge viene, solitamente, intesa come un comando, cioè come l'imposizione di una volontà superiore per qualche ragione, cosicché una legge viene intesa come "causa" dell'azione di chi è sottoposto ad essa. Perché hai fatto questo? Perché c'è una legge, altrimenti sarò punito. All'idea di comando si unisce l'idea di sanzione. Tommaso si allontana da questa concezione perché la legge non è una causa, ma una guida dell'azione di essere consapevoli e responsabili. Si parla, quindi, un insieme di ragioni per agire che sono oggettive che devono essere introiettate o fatte nostre per governare le nostre azioni. Queste ragioni da esterne si fanno interne, cioè devono essere interiorizzate per guidare le nostre azioni. Il principio dell'Aquinate ci conduce ad una dottrina realista, che pone al centro o alla base del fenomeno giuridico la cosa o la realtà[27]; cioè qualcosa di oggettivo, e non soggettivo, come sarebbe la facoltà, e come potrebbe essere anche la legge o la norma, ridotta all'arbitrio del legislatore. Inoltre l'ordine giuridico è essenzialmente ancorato all'ordine morale, perché la cosa attorno a cui esso gravita non è una cosa qualunque, ma la cosa giusta, ossia quella stessa cosa che è regolata dalla virtù della giustizia. Il diritto è un'attività pratica, sociale, imperativa che pone un limite all'azione dell'individuo. Non si può concepire una norma che non abbia carattere imperativo, sia pure sotto

---

[26] Cfr. G. FRASSÒ, *Storia della filosofia del diritto. Antichità e medioevo*, volume 1., Laterza 2012

[27] Cfr. R. PIZZORNI, *Il diritto naturale dalle origini a S. Tommaso d'Aquino*, Studio Domenicano, Bologna 2000.

condizioni determinate. Il diritto, infatti, attribuendo all'uno una facoltà, impone all'altro un'obbligazione corrispondente. Quindi il modo indicativo, i consigli, le semplici esortazioni esulano dal campo del diritto. Le fonti da cui scaturiscono queste norme e queste facoltà si possono ridurre a due:

1. la legge positiva, che può derivare dalla consuetudine, e si ricollega alla volontà di un legislatore (diritto privato, pubblico, costituzionale, canonico)
2. la legge naturale, che si fonda sulla natura delle cose e dell'uomo e, in ultima analisi, in Dio, antecedentemente a ogni positiva convenzione, ed è la base e il fondamento della legge positiva, che da essa viene regolata e misurata come criterio di valutazione. Allora uno degli effetti essenziali della legge o diritto naturale è proprio quello di irrobustire il diritto positivo scritto[28].

Infatti nella sua origine (Stato e Autorità), nella sua essenza (comando ad attuare il bene sociale), nel suo scopo (bene comune), tende a realizzare col minimo, il massimo delle finalità proprio della legge naturale[29]. Il diritto cosi è così il *minum etico* cioè quel tanto di etica che è strettamente indispensabile per la convivenza, come sua condizione e garanzia.; dove esistono leggi, esiste sempre una libertà anche se compressa. E' importante precisare che, nel bilancio della sua opera più matura, la *Summa theologiae*, viene riservata soltanto una questione di quattro articoli al tema del diritto, la *Quaestio* 57 della *Secunda Secundae*, a margine di un'ampia trattazione sulle virtù e, in particolare, sulla virtù della giustizia, che, tradizionalmente, a partire da Aristotele, svolge un ruolo architettonico rispetto alle altre virtù. Questo ci dovrebbe indurre a pensare che l'intento di Tommaso non fosse primariamente filosofico-giuridico, bensì filosofico-morale e teologico. Naturalmente, ciò non toglie che alla luce di

[28] Cfr. G. FASSÒ, *Storia della filosofia del diritto,* vol. I, Il Mulino, Bologna 1966.
[29] Cfr. R. PIZZORNI, *Diritto naturale e diritto positivo in s. Tommaso d'Aquino*, Studio Domenicano Bologna 1999.

quell'unica questione sul diritto si possano leggere molte altre pagine di Tommaso, tra le quali, oltre a quelle immediatamente riguardanti la giustizia, anche quelle riguardanti la legge. Tommaso parla di legge nella *Contra gentiles*[30] al capitolo 114 del libro terzo della *Summa Theologiae*[31] a partire dalla questione 90 della prima e seconda parte, quando tutti i concetti dell'etica sono stati esposti. Nella *Contra gentiles* ci sono tre capitoli dedicati al concetto di legge in generale: un discorso brevissimo; solo nella *Summa theologiae* c'è un vero e proprio trattato della legge. Il concetto di «legge» di Tommaso d'Aquino è applicato in modo analogico ai diversi tipi di legge, da quella eterna a quella umana[32]. *«La legge è una regola, o misura dell'agire, per cui s'è indotti all'azione o stornati da essa»*[33].

In questa definizione due sono gli elementi degni di rilievo: innanzitutto la funzione regolatrice e normativa della ragione (*ordinatio rationis*) e, in secondo luogo, gli effetti di tale regola nel regolato, per cui essa si presenta come principio-guida dell'azione e spinge ad un comportamento conforme. Per Tommaso quindi la legge naturale e un enunciato della ragione pratica costituito sulla base delle inclinazioni naturali. La legge naturale deriva dall'essenza metafisica dell'uomo e non dalla sua dimensione storica, permane stabile ad ogni mutamento culturale[34]. Per realizzare il suo fine, per non sbandare, l'uomo deve avere alcuni punti di riferimento, alcune 'norme' da seguire. Queste 'norme' costituiscono la 'legge naturale'. Quando si parla di legge naturale non si deve pensare ad una dottrina. Queste norme sono 'non scritte' ma inserite nella stessa natura umana, in quanto costitutiva della persona[35]. L'uomo agisce in libertà. La legge per lui quindi non è una causa, ma una guida dell'azione di

---

[30] TOMMASO D'AQUINO, *Summa contra Gentiles, libro III* , pp. 114-120.
[31] TOMMASO D'AQUINO, *Summa theologiae, I-II, q. 90-95,* Studio Domenicano, Bologna 1996, pp. 701-735.
[32] Cfr. F. VIOLA, *Nove lezioni sulla legge naturale*, Jaca Book, Milano 1985.
[33] TOMMASO D'AQUINO, *Summa theologiae, I-II, q. 90, a. 1.*, op. cit, pp. 701-702.
[34] R. PIZZORINI, *La filosofia del diritto secondo S. Tommaso d'Aquino, op. cit.*, pp. 336-337.
[35] A. VENDEMMIATI, *La Legge naturale nella Summa Theologiae di S. Tommaso d'Aquino*, EDB, Roma 1995

essere consapevoli e responsabili; ma, non bisogna confondere natura o legge naturale coll'istinto, che è solo la parte più bassa dell'uomo, composto di corpo e anima razionale e quindi di passioni, ma anche di intelletto e libera volontà, nelle quali è riflessa la legge eterna di Dio. Riconosce nella ragione una reminenza sulla volontà. L'obbligatorietà della legge scaturisce dalla sua razionalità, non risiede nella volontà e nel comando del principe. I comandi del principe devono essere intrinsecamente razionali cioè conformi ai principi posti dalla ragione umana: se li violassero non sarebbero manifestazioni della volontà ma dell'arbitrio del principe. Bisogna fare il bene ed evitare il male. La legge è un ordinamento della ragione in vista del bene comune, promulgata da colui cui spetta il governo della comunità. La legge ha il compito di disciplinare il comportamento degli individui in vista del bene comune. Poiché riguarda il bene comune, deve essere deliberata dalla comunità o dal suo legittimo rappresentante. Questo è il principio cardine che nessuno può smentire. Fare il bene è un impegno che dobbiamo consapevolmente volere. Il fine a cui mira la ragione nel determinare la legge è il bene comune. Tutte le leggi naturali sono contenute in tale principio primo universale. Non indica che cosa in concreto prescrive la legge naturale, che cosa sia il bene e che cosa il male, ma solo questo principio universale e immutabile. Anziché proporre principi invariabili di giustizia, cioè una scienza del naturale, suggerisce di esercitare un'arte di trovare il giusto caso per caso. La legge può avere un senso solo se si pone come un precetto che conduce l'uomo ad adeguarsi al suo fine[36]. Importante è infatti il concetto di bene comune, a cui l'individuo deve indirizzare la sua azione. Tommaso, però, inserisce l'uomo in un disegno più grande in quanto l'uomo non può conoscere e seguire il suo fine senza il disegno divino. Per questo allo scopo della realizzazione della natura umana esistono diverse leggi, ordinate in una gerarchia a quattro gradi: legge eterna, legge naturale, legge umana, legge

[36] A. MACINTYRE, *Dopo la virtù. Saggio di teoria morale*, Feltrinelli, Milano 1988, p. 69.

divina. Egli mette alla base di tutto la *lex aeterna*, la legge di Dio, valida fin dall'eternità che l'uomo per la sua limitatezza può arrivare a conoscere mediante partecipazione attraverso la *ratio* (ragione)[37]. La legge naturale è proprio il riflesso della legge eterna nell'uomo, è la legge eterna che si irraggia nella ragione umana. Tale legge è conoscibile non solo grazie alla rivelazione, ma anche grazie alle operazioni svolte dalla ragione umana; norma, perciò, razionale. Pur avendo un'origine divina, dunque, la legge naturale non si identifica per Tommaso con la legge della rivelazione. L'uomo non conosce direttamente la legge eterna se non come partecipata in lui come legge naturale, innata in quanto insita nel suo essere. Quindi la legge naturale è conosciuta da ogni uomo. È indipendente da ogni tempo e da ogni luogo. È indipendente dalle evoluzioni culturali. Tuttavia la legge naturale può essere oscurata, se non quanto ai suoi principi generali, quanto alle sue conclusioni particolari dalla concupiscenza, dalla sensualità, dalle non positive condizioni corporali, dalle cattive abitudini, dagli errori di ragionamento. In quanto partecipazione della legge eterna la legge naturale è immutabile, non è soggetta a variazioni od evoluzioni di qualsiasi tipo. È dentro l'uomo, ma fuori della storia. Sulla legge naturale, che non è scritta da nessuna parte, poggia le legge umana, quella che a partire dall'età moderna, dal giusnaturalismo viene chiamato "il diritto positivo", positivo in quanto *positum,* cioè posto in essere dal legislatore. In tutto l'ordinamento che regola la vita della società, il diritto di famiglia, il diritto internazionale, il diritto privato, il diritto civile, il diritto amministrativo… è legge umana[38]. Per legge divina si intendono le norme dettate dalla divinità in testi come la Bibbia o i Vangeli, per guidare l'uomo verso un fine soprannaturale, la beatitudine eterna. La legge eterna è la legge che governa l'intero universo e che coincide con la ragione stessa di Dio, in quanto principio

---

[37] F. DI BIASI, *Dio e la legge naturale. Una rilettura di Tommaso d'Aquino*, ETS, Pisa 1999, pp. 63-64; 82-83.

[38] S. VANNI-ROVIGHI, *La legge naturale nella filosofia contemporanea,* in AA. VV, *La legge naturale,* Studio Domenicano, Bologna, 1970.

creatore di tutte le cose. Con la sua concezione di *sinderesis* per il quale le entità uomo, Dio e mondo partecipano razionalmente alla stessa sostanza, ha fatto sì che il suo pensiero, proiettato verso il bene comune, potesse essere attualizzato anche ai giorni nostri[39]. In questo quadro generale, funzione del diritto positivo è quella di dare sanzione ed attuazione organizzativa concreta alla *lex naturalis justitiae*; i diritti umani sono metafisicamente e razionalmente fondati indipendentemente ed antecedentemente a questo, e risultano, come dice Dario Composta, «un'irradiazione dinamica della persona»[40]. Sulla base delle considerazioni fatte il principio base che *bisogna fare il bene ed evitare il male* è un principio che regola le relazioni con gli altri. Per San Tommaso il bene comune è il punto di convergenza e di collegamento dei rapporti che costituiscono la società. Ogni essere umano sente il bisogno di essere amato e di riversare sugli altri l'amore ricevuto ed è proprio in questo modo che le persone riescono a realizzarsi e, nello stesso tempo, a realizzare la comunione tra loro. In questo senso può essere intesa e praticata la fraternità tra gli uomini la quale è resa effettiva nel quotidiano solo attraverso l'amore reciproco. Uno degli strumenti fondamentali che ne favorisce la realizzazione è la carità che identifica quell' amore disinteressato nei confronti del prossimo. *Giustizia, carità e amore sono un tutt'uno.* S. Tommaso d'Aquino, considera la Giustizia proprio *«la ferma e costante volontà di dare a ciascuno il suo»*[41]. Filosofia, questa, che evidenzia tutta quella serie di azioni che l'uomo dovrebbe adottare e mettere in atto per vivere nel mondo in pace e armonia, dividendo con equità quanto disponibile, senza egoismi e prevaricazioni. La realtà che quotidianamente siamo chiamati a vivere ci impone di affrontare le sfide della vita che consentano di dimostrare che la dimensione giuridica e la dimensione caritativa

---

[39]Cfr. F. FIORENTINO, *Temi di filosofia aristotelico-tomistica - Attualità di san Tommaso d'Aquino*, Editrice Domenicana Italiana, 2017.
[40] Cfr. D. COMPOSTA, *I diritti umani dal Medioevo all'età moderna*, in *Diritti umani. Dottrina e prassi*, a cura di G. Concetti, Roma 1982, 194-195;
[41] TOMMASO D'AQUINO, *Summa theologiae, II, II, 58, 1,* op. cit., 451-453.

non sono collocate su due piani differenti e contrapposti ma che, al contrario, l'una non può prescindere dall'altra. Vi sono ragioni oggettive e giuridiche per annunciare che una nuova stagione della fraternità sia possibile. Esse si radicano:

1. nella globalizzazione dei rapporti politici, economici e sociali
2. nello sviluppo della comunicazione su scala planetaria
3. nella interdipendenza come cifra del nuovo millennio
4. nella dimensione fraterna del diritto.

Il concetto di bene comune insieme con quello di carità comprendono dunque i diritti fondamentali della persona, i valori morali e culturali che sono oggetto di generale consenso, le strutture e le leggi della convivenza, l'accoglienza e la sicurezza.

### 1.5 Quando il diritto è giusto

Come si è voluto dimostrare nei precedenti capitoli, il concetto centrale della filosofia del diritto è la giustizia perché o il diritto è giusto o non è autentico diritto. Possiamo dire che secondo la filosofia del diritto, la giustizia e il diritto devono combaciare; il diritto è autentico nel momento in cui realizza la giustizia. Ovviamente, deve anche essere posto dal legislatore ma l'elemento più importante per la filosofia è che il diritto sia giusto.

Il diritto è giusto quando:

a) difende la dignità di ogni uomo

b) difende la coesistenza sociale (relazionalità)

Il primo punto si riconosce con il criterio di uguaglianza, mentre il secondo punto si riconosce con la simmetria e la reciprocità. Questi sono due punti etici, ma non è un'etica che il diritto prende dall'esterno perché non esiste una tavola di valori comuni, quindi la proposta della filosofia del diritto è di individuare un'*etica del diritto*. Ciò significa che il giurista non prende un'etica dall'esterno e la introduce nel diritto, ma l'etica appartiene al diritto, è intrinseca al diritto. Ecco perché si parla di etica minima, cioè si cerca tra le etiche che dominano il panorama attuale quel minimo comune denominatore, un elemento minimo ma che accomuna tutti, quei principi etici condivisi, senza negare il pluralismo etico. Questi due punti sono già messi in evidenza nella dottrina dei diritti umani, in questo senso la filosofia del diritto è strettamente connessa alla dottrina dei diritti umani, perché difendere la dignità dell'uomo è un elemento centrale di chi difende i diritti umani.

Possiamo ancora dire che, se il diritto non garantisce la giustizia, intesa come dignità umana e coesistenza sociale, non è autentico diritto. Questa posizione è abbastanza vicina a quella di Antigone perché anche lei segue dei valori e non il diritto in quanto non era portatore di quei valori. Si può anche riconoscere la validità formale di una norma o l'efficacia pratica, però potrei dire che quella norma valida dal punto di vista formale ed efficace dal punto di vista pratico non è giusta dal punto di vista sostanziale. Al formalista interessa solo la validità, al realista invece l'efficacia, al filosofo del diritto interessa la giustizia sostanziale anche se riconosce la validità e l'efficacia. Il problema c'è quando ci sono norme valide o efficaci ma non giuste, per la prospettiva filosofico - giuridica ciò che è più importante è la categoria della giustizia quindi si possono anche riconoscere la validità e l'efficacia ma ciò che conta è la giustizia sostanziale. E' evidente che l'interrogativo è: che cosa succede quando c'è una norma valida ed efficace ma ingiusta?

## 1.6 Compito del giurista di fronte al diritto ingiusto

Il giurista deve capire quali sono i punti in cui possiamo rivelare l'ingiustizia, cioè i punti in cui la norma non è sufficientemente a tutela della dignità dell'uomo e della relazionalità simmetrica e reciproca tra gli uomini. Questa è una lettura etica della norma, oltre a vedere la validità e l'efficacia. Il giurista può astenersi dal cooperare nell'elaborazione o nell'applicazione di una legge che in alcuni punti è da ritenersi ingiusta. L'elaborazione è il momento in cui il giurista può cooperare prima ancora che la legge sia approvata; l'applicazione è il momento in cui il giudice si trova a dover applicare una legge formalmente valida ma ingiusta dal punto di vista etico. Attivando una coscienza etica nel giurista, nel momento in cui trova una discrepanza tra legge sul piano formale e giustizia sul piano sostanziale, il suo compito è di non cooperare all'elaborazione e non applicare quelle leggi ingiuste.

La promozione di una riforma del diritto positivo (al fine di adeguarlo al senso autentico del diritto)

Il giurista può proporre una riforma del diritto positivo, cioè promuove una serie di azioni che consentano di riformulare quelle leggi in modo che quelle leggi siano adeguatamente rispettose di certi valori. . Prima di ogni analisi e a prescindere da essa, c'è un ordine giusto e un altro che non lo è affatto. Quanti dei nostri politici supererebbero l'esame sulla conoscenza e la pratica delle virtù cardinali? Pochi, eppure prudenza, giustizia, temperanza, fortezza non sono qualità obsolete ma caratteristiche essenziali per qualsiasi persona che ambisca a posizioni di rilievo nella società, soprattutto a livello politico dove si dovrebbe agire nell'interesse e per il bene dei cittadini. Invece in tanti direbbero che per sopravvivere a questa vita servono furbizia, duttilità, cinismo ma praticare le virtù cardinali le nostre vite andrebbero meglio nella vita affettiva come in quella professionale e affettiva. Non si tratta di qualità confessionali o religiose ma un distillato di sapienza e saggezza antica che ritroviamo in Palatone come in San Tommaso. In questo periodo si parla spesso di giustizia, non c'è telegiornale oppure mass media che non dedica un servizio a questo argomento. Inoltre, spesso di giustizia se ne parla anche troppo e a vanvera. Altre volte se ne parla da una solo prospettiva: la propria, cioè quello che secondo me è da considerare giustizia. Per il valore della giustizia vale quello Paolo VI sosteneva *nell'Evangeli Nuntiandi* e cioè che il nostro *"tempo ha bisogno di testimoni più che maestri"*.

## 1.7 Dimensione giuridica e dimensione caritativa

La realtà che quotidianamente siamo chiamati a vivere ci impone di affrontare le sfide della vita che consentano di dimostrare che la dimensione giuridica e la dimensione caritativa non sono collocate su due piani differenti e contrapposti ma che, al contrario, l'una non può prescindere dall'altra. Vi sono ragioni oggettive e giuridiche per annunciare che una nuova stagione della fraternità sia possibile. Esse si radicano:

- nella globalizzazione dei rapporti politici, economici e sociali
- nello sviluppo della comunicazione su scala planetaria
- nella interdipendenza come cifra del nuovo millennio
- nella dimensione fraterna del diritto.

Difatti sono individuabili una serie di strumenti concreti che aiutano a concepire il vantaggio di un diritto dei popoli che tenga conto della carità. Nel corso di questa analisi un contributo, estremamente importante, è offerto dall'Enciclica di Papa Benedetto XVI *Caritas in Veritate.* Dal punto di vista etimologico, il termine Enciclica deriva dal greco *enkýklos* (in circolo) e rappresenta una lettera pastorale scritta dal Papa della Chiesa Cattolica che ha come destinatari sia i vescovi che tutti i fedeli. L' Enciclica *Caritas in Veritate* [42]rappresenta una raffigurazione delle fenomenologie attuali ed affronta la tematica dello sviluppo umano integrale nella carità e nella verità. Si compone di una introduzione, sei capitoli ed una conclusione, in cui si sottolinea la grande

[42] Cfr. BENEDETTO XVI, *Caritas in Veritate,* Edizioni S. Paolo, Alba 2009.

rilevanza della politica di solidarietà, non solo come questione etica ma anche, e soprattutto, come presupposto per lo sviluppo di una politica generale.

Appartiene alla dottrina sociale della chiesa e mira ad attualizzare il messaggio di Paolo VI nella *Populorum Progressio* del 1967 in prospettiva di un'accentuazione del mondo economico quale strumento di sviluppo della collettività. Sulla base di questo presupposto, Benedetto XVI propone un modello di sviluppo che non demonizzi il mercato, visto non come un luogo naturale bensì come uno strumento, un luogo artificiale risultante dalle regole costruite dagli ordinamenti. Il Pontefice lancia una sfida: promuovere un agire economico che non sia finalizzato unicamente al perseguimento dell'interesse privato e personale ma che consenta l'introduzione, all'interno della politica di mercato, del principio di gratuità che diviene l'elemento portante dell'economia.

In questo modo, la *caritas* è la ragione di sviluppo che fa emergere il valore dell'umanità. Nell' Introduzione, il Papa ricorda che la carità rappresenta "la via maestra della dottrina sociale della Chiesa". Tuttavia essa potrebbe essere fraintesa ed estromessa dal vissuto etico, con il rischio di confondere un Cristianesimo di carità, ma privo di verità, con una riserva di buoni sentimenti, che risultano sicuramente utili per la convivenza sociale ma del tutto marginali. Al fine di impedire che ciò avvenga, è necessario che lo sviluppo sia impermeato di verità attraverso due criteri in grado di orientare l'azione morale: la giustizia e il bene comune. Infatti ogni Cristiano e, a mio modesto avviso, non solo il Cristiano, è chiamato alla carità anche attraverso una via istituzionale che incida nel vivere sociale. Nel capitolo secondo, dedicato allo *Sviluppo umano nel nostro tempo,* il Papa riflette sul fatto che porsi come unico obiettivo il profitto, dimenticando però il bene comune, rischia di distruggere la ricchezza e di creare la povertà. Alcune distorsioni dello sviluppo potrebbero essere rappresentate da attività finanziarie speculative, da flussi migratori provocati e mal gestiti, nonché dallo sfruttamento sregolato delle risorse della terra. Dinanzi a questi problemi, strettamente connessi, il Papa invoca una nuova sintesi umanistica, sostenendo che oggi siamo di fronte ad uno sviluppo policentrico, nel senso che alla crescita della ricchezza mondiale corrisponde un aumento delle disparità e delle nuove povertà[43].

Anche sul piano culturale, le possibilità di interazioni potrebbero determinare esiti non sempre pienamente positivi. Il primo pericolo è "l'eclettismo culturale, in cui le culture vengono considerate sostanzialmente equivalenti"; il pericolo opposto è "l'appiattimento culturale, causato dalla omologazione degli stili di vita". Tutto ciò porta a riflettere sul fatto che lo sviluppo dei popoli non possa realizzarsi a discapito del rispetto per la vita delle sue genti. Il Papa avverte che "quando una società si avvia verso la negazione e la soppressione della vita finisce per non trovare più motivazioni ed energie per adoperarsi a servizio del vero bene dell'uomo". Il capitolo terzo dell' Enciclica si apre con un elogio dell'esperienza del dono che spesso non è riconosciuta "a causa di una visione solo produttivistica ed utilitaristica dell'esistenza. Lo sviluppo, per essere autenticamente umano, deve fare spazio al principio di gratuità". Questo discorso vale, in particolare, per il mercato in quanto la logica mercantile dovrebbe avere la funzione di perseguire il bene comune e di cui deve farsi carico soprattutto la comunità politica, in forza del valido contributo di persone che siano disposte ad aprirsi ad una forma di dono reciproco.

Espressione tipica di questa nuova forma economica è il commercio equo e solidale, un'attività commerciale il cui obiettivo non è solo la massimizzazione del profitto ma anche la lotta allo sfruttamento e alla povertà legate a cause economiche, politiche e sociali. Pertanto è una forma di commercio internazionale nella quale si cerca di favorire la crescita delle aziende e dei lavoratori dei paesi in via di sviluppo, ai quali viene garantito un trattamento socioeconomico pienamente equo e rispettoso[44].

---

[43] R. PIZZORNI, *Giustizia e carità,* ESD, Bologna, 1995.

[44] A. TARANTINO, *Della giustizia come carità: comunicazione,* Atti del I Congresso delle società filosofiche del Mezzogiorno d'Italia, Ricerche filosofiche, Roma 1966.

Si tratta di una forma di sostegno differente rispetto a quella attuata attraverso la beneficenza, in quanto questi popoli non subiscono passivamente il contributo economico delle popolazioni più fortunate ma, piuttosto, vengono aiutati nella produzione e commercializzazione di quelli che sono i loro prodotti tipici. In questo senso è favorita anche la conoscenza della cultura e delle tradizioni di comunità che siamo, troppo spesso, abituati a conoscere solo in occasione di eventi tragici. Il *Commercio Equo e Solidale* si presenta, invece, come un approccio alternativo al commercio internazionale al fine di promuovere la giustizia sociale ed economica e lo sviluppo sostenibile attraverso il commercio, la formazione, la cultura e l'azione politica. Infatti è uno strumento di cui ognuno potrebbe disporre in difesa dei diritti fondamentali degli esseri umani e, in particolar modo, dei contadini e degli artigiani del sud del mondo. Sono numerosi i progetti organizzati per la realizzazione di questi obiettivi, quali la produzione di materiali didattici, la preparazione di cene nei ristoranti a base di prodotti equosolidali e l'organizzazione di eventi ed iniziative, come quello a sostegno della popolazione haitiana colpita dal terremoto, a cui ho avuto l'opportunità di prendere parte. Ritornando all' Enciclica del Papa, che rappresenta una sorta di canovaccio delineativo del mio percorso, secondo Benedetto XVI "lo sviluppo dei popoli dipende soprattutto dal riconoscimento di essere una sola famiglia". A testimonianza di questa affermazione, è attribuita una particolare rilevanza al principio di *sussidiarietà* nelle politiche di aiuto verso i popoli poveri e che costituisce "l'antidoto più efficace contro ogni forma di assistenzialismo paternalista", contribuendo alla umanizzazione della globalizzazione". Questo principio nasce come modello antropologico, volto ad esprimere una concezione globale dell'uomo e della società, per cui il fulcro dell'ordinamento giuridico diviene la persona umana, concepita sia come individuo che come legame relazionale[45].

---

[45] Cfr. E. RESTA, *Il diritto fraterno,* Libri del Tempo, Laterza, Roma-Bari, 2002.

Capitolo II

# Individuo e comunità

SOMMARIO: 2.1 Il rapporto tra individuo e comunità - 2.2 Lo stato - 2.3 Stato e individuo - 2.4 Stato e popolo - 2.5 Stato e valori

## 2.1 Il rapporto tra individuo e comunità

La Stein è del parere che ogni comunità sia fondata sugli individui che la costituiscono, per cui la variazione del carattere dei singoli si ripercuote sul carattere del tutto. La possibilità stessa di una vita comunitaria è infatti basata sulla confluenza di singoli flussi di vissuto che rende possibile uno scambio reciproco di esperienze formando così, ad esempio, una comunità religiosa, artistica, scientifica. La caratteristica di queste comunità sta nel fatto che esse non sono prodotte da un atto arbitrario ma crescono e si sviluppano come un essere vivente: esattamente come un organismo, l'unico loro scopo è dispiegare la funzione originaria alla quale concorrono tutti gli elementi che le costituiscono, alcuni dei quali sono sostituibili senza che le comunità cessino di esistere ma, se tutti i membri vengono eliminati, le comunità stesse si estinguono. E' proprio dell'essenza della comunità una comunanza di vita dove ogni individuo si pone davanti al proprio simile non come davanti ad un oggetto ma con un atteggiamento che, ancora una volta, richiama quanto la Stein ha indagato nella dissertazione sull'empatia:

> Nel rapporto tra due persone si incontrano e si uniscono due flussi vitali, senza che venga soppressa la separazione tra i soggetti. [...] In tale convivenza si verificano atti che non fanno parte della vita solitaria dell'anima, atti in cui un soggetto sta di fronte ad un altro soggetto[46].

E' in tale contesto di comunanza di vita che si creano le condizioni per un influsso reciproco tra le persone che costituiscono la comunità, in virtù della configurazione di tutti all'apertura universale verso la soggettività estranea. Così, secondo la nostra ricercatrice,

> La vita vissuta in comune con gli altri e gli stati che si producono in tale maniera, operano in via preliminare come circostanze occasionali per lo sviluppo delle disposizioni originarie di una persona[47].

Non solo gli altri possono – volontariamente o involontariamente – influire sulla formazione del mio carattere, ma alcune mie qualità possono svilupparsi solo in un contesto associativo: ad esempio l'umiltà o l'orgoglio, la brama di dominio o l'altruismo, il servilismo o l'arroganza. Le prese di posizione delle persone che vivono nel mio stesso ambiente hanno la caratteristica di agire "contagiosamente" trasmettendosi agli altri membri della comunità. Così, anziché elaborare un giudizio personale su una situazione, può accadere che io accetti "ciecamente" la visione che si diffonde nell'ambiente in cui vivo. Esemplifica la Stein, riproponendo un contesto che sembra richiamare l'acceso nazionalismo, con i diffusi sentimenti di congiura internazionale e di odio antifrancese, che contraddistingueva la Repubblica di Weimar:

> Allo stesso modo posso essere contagiata dalla collera e dall'indignazione, dall'amore e dall'odio presenti nel mio ambiente e sentirli, ma senza che procedano dal mio io personale. [...] I sentimenti trasmessi in questa maniera sono dati realmente e con la stessa forza con cui il soggetto ritiene di possederli e dunque li mette in mostra. Ciò nonostante sono, in un certo

---

[46] E. Stein, *Individuo e comunità*, op. cit., 280-281.
[47] Ivi, pag. 282.

senso, sentimenti falsi: non scaturiscono dall'io personale, come quelli genuini, e non hanno alcuna radice in esso; seguendo la loro origine si risale al comportamento di un'altra persona, che in se stesso è qualcosa di autentico e da cui è partito il contagio[48].

Pur prevedendo la possibilità di plagio, esercitato da una forte personalità estranea che ne invade un'altra meno sviluppata con suggestiva violenza, la fenomenologa ritiene che la singola persona non sia del tutto inerme nei confronti delle azioni esterne e che, dunque, essa non sia un mero prodotto dell'ambiente in cui vive. Infatti una persona che non viva semplicemente a livello psichico ma che sia tale nel senso pieno del termine, si può sottrarre all'influsso delle caratteristiche personali altrui opponendosi all'influenza estranea e restando fedele al proprio modo di essere. La Stein è certa che, in simili persone,

esiste in ogni caso la libertà della volontà rispetto all'influenza del mondo circostante, proprio come esiste anche rispetto alle disposizioni naturali, e la responsabilità della persona non viene certo meno a causa del richiamo di chicchessia[49].

E' singolare notare come alla data del saggio su *Individuo e comunità* (1922) la Stein, pur non essendosi ancora accostata a san Tommaso (col quale si confronta formalmente la prima volta con un articolo pubblicato nel 1929 sullo "Jahrbuch" dal titolo "La fenomenologia di Husserl e la filosofia di san Tommaso") abbia già fatto propria – evidentemente nel contesto biografico della conversione al cattolicesimo avvenuta nell'estate del 1921- l'antropologia tomista fondata sulla concezione cristiana dell'uomo che valorizza il libero arbitrio della volontà. La responsabilità individuale è opportunamente ribadita dalla studiosa che, pur avendo assimilato la natura della comunità a quella di un individuo personale, ritiene che la comunità in quanto tale non sia un soggetto dotato di libertà e, conseguentemente, non sia neppure responsabile nel senso in cui invece lo sono gli individui che entrano a costituirla. La Stein è categorica:

---

[48]Ivi, -283.
[49] Ivi, pag. 285

Gli individui hanno la responsabilità ultima delle azioni che compiono in nome della comunità. Anche se fanno per la comunità qualcosa che magari non farebbero per motivi personali, l'intero peso della responsabilità poggia su di loro, senza possibilità alcuna di scaricarla sulla comunità. [...] Anche gli atti della comunità possono essere colpevoli o meritevoli. Ma se il singolo ci partecipa o vi si sottrae, entra in gioco la sua libertà e perciò egli ne deve rispondere personalmente[50].

La nostra studiosa scrive questi pensieri nel clima tormentato della Germania weimariana (solo qualche mese dopo ci sarebbe stato il primo tentativo di colpo di stato da parte di Hitler) e, ancor prima dell'affermazione del nazismo, pare profeticamente caricare ciascun tedesco delle proprie responsabilità senza lasciare alcuna via di fuga dietro le quinte della volontà nazionale, come invece certa storiografia[51] ha tentato di fare nell'immediato dopoguerra con abile espediente per discolpare il popolo tedesco dalle tremende accuse legate ai crimini del nazionalsocialismo. Dieci anni più tardi, nel corso dedicato a *La struttura della persona umana*, la Stein preciserà meglio il senso della responsabilità individuale alla luce della visione cristiana dell'esistenza ormai acquisita e consolidata:

Grazie a Dio egli [l'essere umano] è inserito nelle comunità nelle quali si trova e Dio stabilisce la misura degli obblighi che ha verso di esse. Di ciò di cui sono responsabile devo rispondere a Dio. In cosa consista ciò, vale a dire, quale sia il mio dovere, me lo dice la mia coscienza. Seguirla è compito della mia libertà. In ogni essere umano vi è un ambito che è libero da ogni legame terreno, che non proviene da altri e non è definito da altri. In tale ambito egli è solo dinanzi a Dio[52].

Nell'appendice all'opera maggiore *Essere finito* ed *Essere eterno* (composta tra il 1934 ed il 1936) dedicata a *Il problema dell'esistenza in Martin Heidegger* l'autrice esamina la vita associata che viene valutata meglio di quando non sia stato fatto in *Essere e Tempo*: essa non è sempre e soltanto anonima e negativa, per cui non è necessario, secondo la Stein, che il singolo le sfugga per ritrovarsi in una dimensione più autentica; la comunità è necessaria

---

[50] Ivi, pagg. 215-216.

[51] Cfr., ad esempio, F. MEINECKE, *La catastrofe della Germania*, Firenze 1948.

[52] E. STEIN, *La struttura della persona umana*, op. cit., 213.

come luogo di perpetuazione dei valori tradizionali, che non sempre sono da disprezzare: «Nell'essere-con gli altri, l'Esserci partecipa al destino della comunità»[53]. Non si tratta né di approvare acriticamente tutto quanto proposto dalla comunità in cui si vive, né di rifiutare completamente valori che potrebbero invece essere apprezzati: si tratta piuttosto di saper opportunamente giudicare, di volta in volta, la validità di ciò che è proposto nella dimensione comunitaria, trattenere il positivo e fuggire dal negativo. Questo è possibile, è necessario ribadirlo ancora una volta, perché il rapporto individuo – comunità è ben bilanciato e, se deve pendere da una parte, questa è certamente quella rappresentata dal singolo individuo:

> L'individuo, anche quando partecipa con la sua anima alla vita comunitaria, non deve essere assorbito completamente nella vita della comunità. Gli rimane sempre un vasto ambito di vita personale del tutto indipendente dal fatto che egli sia un membro della comunità[54].

A questo proposito la studiosa ritiene di cogliere una favorevole analogia nella *Soziologie* di Georg Simmel dove ella rinviene che l'essere umano non può stare all'interno di un'associazione senza esserne contemporaneamente anche al di fuori[55]. Questa convinzione, centrata sull'irriducibilità del singolo al tutto e sul valore delle parti a prescindere dal tutto nel quale esse sono inserite, attraversa la produzione della Stein ed occorre tenerla presente anche quando ella propone una concezione organicistica della comunità, una sua assimilazione alla personalità umana, un valore del vissuto comunitario che contiene un senso che non è dato dalla semplice somma dei vissuti individuali. E' questo convincimento che la Stein declina successivamente secondo la concezione cristiana dell'esistenza fatta propria con la conversione al cattolicesimo:

> E la natura dei singoli, l'individualità nel senso più stretto del termine, è qualcosa che è propria del singolo e qualcosa che, come l'anima stessa, non procede da altro che, direttamente, dal Creatore di ogni essere. Giungiamo così alla conclusione secondo la quale la parte più profonda

---

[53] E. STEIN, *La filosofia esistenziale di Martin Heidegger*, op. cit., 158.
[54]E. STEIN, *Individuo e comunità*, op. cit., 29.
[55] Cfr. E. FRANZINI, *Fenomenologia*, Franco Angeli, Milano 1991.

e caratteristica, ciò che l'essere umano è, egli lo deve solo a Dio e tutto ciò che deve alla comunità terrena, lo deve indirettamente a Dio[56].

Il riferimento alla Trascendenza non è limitativo del valore individuale ma appare una tutela contro ogni tentativo di assorbimento del singolo da parte della comunità terrena in cui è inserito.

## 2.2 Lo stato

Nel 1925 la Stein fa uno studio dal titolo *Una ricerca sullo stato*. Il filo conduttore delle due analisi è rappresentato dall'osservazione delle aggregazioni comunitarie: infatti, se da una parte si collocano le comunità ristrette come la famiglia o i gruppi amicali e dall'altro la grande comunità umana rappresentata dall'unità spirituale di tutti gli individui, allora in mezzo trova posto lo stato come struttura sociale autonoma caratterizzata da una specifica sovranità. L'articolato saggio della Stein, accanto al tema della struttura giuridica dell'entità statale, affronta anche tematiche relative al rapporto con la sfera etica e religiosa. L'unità dello studio, nonostante la vastità degli argomenti affrontati, è assicurata dal costante riferimento alla persona umana e alla sua libertà. Al tempo stesso lo stato, pur descritto come entità giuridicamente configurata, è presentato in modo tale da evitare ogni rischio di totalitarismo. Con ciò la nostra autrice raggiunge importanti risultati teorici, che le consentono di opporsi a tre note concezioni politiche, così sintetizzati da Angela Ales Bello:

> Così come le osservazioni relative alla qualità dei rapporti intersoggettivi conducono E. Stein a una critica delle teorie contrattualistiche, l'autonomia della sfera giuridica determina la messa in questione del diritto naturale e la funzione importante, ma non onniglobante dello Stato pone in discussione la visione dello Stato etico e la filosofia della storia di stampo idealistico ad esso connessa[57].

---

[56] E. STEIN, *La struttura della persona umana*, op. cit., 213.
[57] A. ALES BELLO, Presentazione a: *E. Stein, Una ricerca sullo stato*, op. cit., 14.

## 2.3 Stato e individuo

Perché uno stato sia, è necessaria la presenza in esso di alcuni individui col ruolo di "sostenitori" della sua vita, individui in cui sono vivi il senso di appartenenza e la dedizione alla comunità statale, caratteri generalmente assenti nella grande massa dei cittadini. A differenza delle aggregazioni umane più piccole che pretendono di inglobare in sé l'individuo nella sua interezza, lo Stato lascia ai suoi sostenitori il più ampio spazio per il dispiegamento della loro vita individuale. Scrive la Stein:

> Lo Stato non esige di essere considerato semplicemente il più alto bene da coloro che lo servono e che rappresentano i suoi importanti organi vitali. Il politico può essere anche convinto, come il santo, che la salvezza dell'anima valga più del bene dello Stato. Ciò che conta è che egli viva in primo luogo come membro dello Stato, che questo sia il punto di orientamento stabile, muovendo dal quale egli prende in considerazione e valuta il suo comportamento anche in questioni che non riguardano lo Stato[58].

Il rischio è piuttosto quello che alcuni svolgano funzioni pubbliche senza essere in prima persona sostenitori della vita dello stato e pregiudicandone così la stessa sopravvivenza. La Stein considera il fenomeno con grande attenzione e conclude con un'osservazione di straordinaria attualità: «Dove funzioni e istituzioni pubbliche sono diventate preda di interessi privati, là sono recisi i legami vitali dello Stato»[59].La vita dello Stato non richiede dunque l'annullamento degli individui che ne fanno parte, né tantomeno la dedizione completa di tutti i cittadini al suo funzionamento, ma esige almeno un certo numero di sostenitori che, nello svolgere la loro funzione pubblica, pospongono ogni altra considerazione rispetto ai primari interessi della comunità statale nella quale svolgono uno specifico ruolo. Quanto poi a tutti coloro che non sono considerati sostenitori in senso stretto della vita dello Stato, è sufficiente che le funzioni da essi svolte, anche inconsapevolmente, siano comunque funzioni

[58] E. Stein, *Una ricerca sullo stato*, op. cit., 44.
[59] Ibd.

proprie dell'organismo statale. Dunque sono questi, in sintesi, gli atteggiamenti possibili: sostenitori con piena dedizione alla vita dello stato, cittadini inconsapevoli del loro ruolo ma svolgenti mansioni necessarie alla comunità statale, individui che piegano ai loro privati interessi le funzioni pubbliche. Il comportamento pratico degli individui può essere poi determinato in molti modi dalle prescrizioni statali che possono dirigere artificiosamente lo sviluppo di un certo tipo di uomo. Il grande rischio di condizionamento statale sullo sviluppo individuale è però evitato in considerazione dei limiti fissi frapposti dalle qualità personali ad ogni sorta di prescrizioni o divieti da parte dell'organismo statale. La Stein esplicita l'ambito della vita del singolo che resta comunque invalicabile davanti ad ogni tentativo di assalto da parte delle norme statali:

> Come per le qualità personali, così accade con tutto ciò che è ancorato alla personalità, con tutto ciò che appartiene al «regno dell'anima»: prese di posizione della persona, rapporti interni fra persone e produzioni dello spirito[60].

Salvaguardato lo spazio individuale entro il quale non sono ammesse interferenze giurisdizionali pubbliche, resta da esaminare il significato rivestito dallo Stato per gli individui ad esso appartenenti. Comunemente si ritiene che l'organizzazione statale favorisca lo sviluppo dei singoli più di quanto non avverrebbe se questi vivessero isolati. A questo proposito l'indagine della Stein non cade negli stereotipi ma approfondisce il significato dell'espressione "favorire lo sviluppo" nell'ambito della relazione individuo- Stato: se per sviluppo si intende solo l'aspetto materiale ed in suo nome giustificare l'organizzazione statale come valore assoluto per i singoli che ne fanno parte, allora

> è pensabile che ci siano individui per i quali lo Stato sarebbe superfluo dal punto di vista dell'utilità e d'altra parte che ci siano Stati i quali debbano essere additati come dannosi, poiché le loro istituzioni negano i valori vitali più che promuoverli[61].

---

[60] Ivi, 111.
[61] Ivi, 138.

Se invece per sviluppo si intende l'aspetto spirituale e sotto questa dimensione apprezzare l'intervento dello Stato, in questo caso

> non è facilmente dimostrabile in linea di principio che la vita spirituale possa dispiegarsi altrettanto bene oppure meglio senza la regolamentazione statale che in sua presenza e si può supporre anche l'esistenza di Stati che distruggono valori spirituali più di quanto contribuiscano a formarne[62].

La tutela dei diritti dell'individuo nei confronti dello Stato sembra, a prima vista, una sorta di liberalismo ma la Stein, rivisitando il concetto di individuo alla luce del valore della persona umana, lo ripropone in modo tale da farlo apparire piuttosto una specie di personalismo, rivelando così nella sua ricerca sullo Stato più una prospettiva antropologica che giuridico-politica. Lo Stato esiste perché ci sono persone che ne portano in se stesse la vita, ma lo Stato non può mai essere lo scopo ultimo del loro vivere. E'vero però che lo Stato, gestendo se stesso ed esercitando la sovranità, gestisce anche le persone appartenenti al suo ambito. Infatti, nota la Stein, «ogni diritto pretende di dare norme di comportamento alle persone»[63]. Ma la persona stessa, in quanto capace di compiere atti liberi, è detentrice di un diritto soggettivo ed acquista in tal modo nuova dignità. E' in questa ottica che viene riesaminata la sfera del diritto, fondata sulla persona, evitando ogni rischio di conflitto fra pubblico e privato in quanto lo Stato non può costituirsi se non fondandosi sulle persone e queste, quando agiscono per lo Stato, compiono atti rilevanti in quello specifico contesto che non annulla però la loro dignità né riduce completamente il loro essere ad un essere sociale[64].

---

[62] Ivi,139.
[63] Ivi, 49.
[64] Cfr. G. GONELLA, Guido, *La persona nella filosofia del diritto,* Giuffrè, Milano 1959.

## 2.4 Stato e popolo

Una qualsiasi entità statale concreta non è semplicemente una macchina giuridico burocratica ma si fonda sulla base di una preesistente comunità di persone senza che queste costituiscano necessariamente già per se stesse una comunità di popolo. Infatti, con quest'ultima espressione, si intende un'appartenenza cosciente ed una partecipazione unitaria di tutti gli individui ad un'unica corrente di vita nella quale si svolge un continuo scambio di solidarietà tra i componenti, pur divisi nel tempo e nello spazio. L'eventuale mancanza di rapporti personali diretti fra i diversi componenti è compensata quindi da una solidarietà rafforzata da un carattere etnico unitario e dalla produzione di una specifica cultura che rinvia a quel centro creativo che è la comunità di popolo. Tutto ciò non è richiesto però dall'organizzazione statale. Anzi, la Stein teorizza

> la separabilità fra comunità statale e comunità di popolo, che spesso si sono ritenute necessariamente connesse l'una all'altra, se non identiche[65].

Un primo indizio di tale separabilità è dato dal fatto che la comunità di popolo può continuare a sussistere anche quando viene meno la sovranità dello Stato (il popolo ebreo per quasi due millenni ne è stato testimone vivente pellegrino per il mondo): la comunità di popolo però, per esercitare le proprie capacità creatrici di cultura, avrebbe necessità di un'organizzazione che le assicurasse una vita condotta in piena autonomia. La Stein non sfugge la domanda decisiva relativa non tanto alla distinzione tra comunità statale e comunità di popolo, quanto alla necessità o meno per lo Stato di avere come suo fondamento una comunità di popolo:

> è certamente pensabile una formazione statale che manchi di questo fondamento e nella quale l'unico legame fra i membri ad esso appartenenti sia la «lealtà»: [...] ma una tale struttura non avrebbe, per così dire, nessuna giustificazione interna della sua esistenza; essa sarebbe

---

[65] Ivi, 31-32.

caratterizzata dalla vuotezza e dall'effimero; e potrebbe reggersi anche per un periodo di tempo su una volontà imperiosa, ma non su una forza di gravità interna[66].

E' possibile, in definitiva, che lo Stato si fondi su basi sia comunitarie che societarie ma, in quest'ultimo caso, ridotta la comunità di popolo alla semplice solidarietà dei diritti e dei doveri, si farebbe di essa un semplice prodotto dello Stato sottraendo nel contempo a quest'ultima formazione la sua essenza spirituale e il suo fondamento naturale. Non esiste dunque un legame stretto e necessario tra popolo e stato e questo è dimostrato dalla storia politica dell'antica Prussia nella quale il sentimento di responsabilità statale si basava prevalentemente sulla volontà del sovrano Federico il Grande e non sull'ancora inesistente "popolo prussiano". Certo è che le relazioni popolo-Stato possono sussistere e, quando ciò accade, questo sembra un'ovvietà, come sembra normale che esistano individui capaci di grande dedizione nei confronti dello Stato. Ma poiché quest'ultimo non ha alcuna produttività psichica, deve invece apparire quanto mai insolito il fatto che qualcuno esprima devozione nei suoi confronti. La comunità di popolo invece, in quanto insieme unitario di forze psichiche produttrici di cultura, è sostenuta dagli individui che la costituiscono i quali, al tempo stesso, sono nutriti psichicamente da essa e sviluppano reciproci rapporti di solidarietà. Alla luce di questo confronto è agevole comprendere la conclusione della Stein:

> E così ci sembra molto più naturale e comprensibile che qualcuno ami il suo popolo e ami lo stato soltanto in modo derivato, come sua forma esteriore, piuttosto che lo Stato sia amato direttamente per sé stesso[67].

La dialettica che la nostra autrice ha esaminato – comunità inferiori, popolo, Stato – non ha nulla della progressione necessaria hegeliana, né lo Stato è inveramento del popolo quanto piuttosto è vivificato ed arricchito se la sua base è fondata su una comunità popolare la quale, comunque, può trarre

---

[66] Ivi, 37.
[67] Ivi, 47.

beneficio dalla formazione giuridica statale. Sembra qui di poter ravvisare una riproposta, ad un livello più elevato, della dinamica "io proprio – io estraneo" tipica del processo empatico in quanto il vissuto della comunità di popolo con la sua identità culturale è fondamentale perché le relazioni che si instaurano all'interno dell'organizzazione statale non siano formali e vuote ma caratterizzate da quel supplemento di solidarietà che può sostenere lo Stato stesso nei momenti di crisi. Ciononostante, anche lo Stato il quale non ha a suo fondamento un popolo può avere un grande valore da un punto di vista comunitario nella misura in cui è capace di assicurare il libero sviluppo delle persone e dei gruppi umani che vivono sotto la sua protezione e di promuovere tra gli individui in esso riuniti lo sviluppo di quei legami che possono consentire loro di diventare progressivamente un'autentica comunità di popolo. E', in senso inverso, il medesimo processo dietro il quale, ancora una volta, è possibile intravedere la dinamica dell'empatia. La sovranità è il primo elemento determinante l'organizzazione statale (così come la libertà lo è per la persona umana) fondata sull'autonomia culturale di una comunità che, in forza di essa, può considerarsi giuridicamente una persona con propria volontà, fonte di diritto ed esprimente, nei suoi atti, un certo "ethos". E' necessario che lo Stato sia padrone di se stesso, cioè che abbia una sovranità tale da non subire interferenze nella sua organizzazione da parte di poteri esterni. La Stein procede a rivalutare positivamente l'espressione abusata secondo la quale l'essenza dello Stato è il potere. In effetti con tale attribuzione si intende la capacità di salvaguardare l'autonomia legislativa sia nei confronti di altri stati sia rispetto a comunità inferiori in esso comprese. Per la nostra autrice non ha dunque senso parlare di stati "non – sovrani": «a nessun'altra comunità, se non a quella statale, appartiene essenzialmente la sovranità»[68]. La sovranità dello Stato si esplica nel diritto di legiferare autonomamente e di emanare disposizioni ordinandone

[68] Ivi, 31.

l'esecuzione. Laddove è presente lo Stato è sempre presente quindi un diritto positivo e viceversa, dove c'è un diritto positivo è richiesto anche uno Stato come sua fonte ultima. La sovranità è però inseparabilmente connessa alla libertà della singola persona perché, osserva la Stein,

> solo un organismo, che comprende in sé persone libere, può dichiararsi sovrano o può manifestare praticamente la sua sovranità[69].

Il pensiero politico della Stein, pur presentando una concezione forte della sovranità, non limita la libertà individuale, anzi, gli stessi diritti di libertà dei singoli non ostacolano la sovranità ma rappresentano la condizione della sua realizzazione. L'esistenza di fatto dello Stato è assicurata da un fondamento che si trova oltre la sua stessa essenza. Da questo derivano tre importanti ordini di considerazioni: innanzitutto, confermando quanto osservato in precedenza, l'organizzazione statale è più forte se l'associazione di persone che la forma si è costituita come comunità di popolo; secondariamente il diritto positivo ha una validità maggiore se espressione di preesistenti rapporti comunitari; infine l'esercizio del potere non creerà problemi se il ruolo direttivo è svolto da individui che la comunità già riconosce nel loro ambito di autorità. Osserva a questo punto la fenomenologa:

> Dove mancano questi fondamenti per un'entità statale, allora al loro posto possono entrare in linea di principio mezzi costrittivi che consentono al potere dello Stato di assicurarsi il riconoscimento nella sfera d'autorità da esso rivendicata e di imporlo attraverso una certa pressione sugli individui recalcitranti. [...] Di fatto, i mezzi costrittivi non saranno mai in grado di rimpiazzare del tutto le altre garanzie, anche se d'altra parte si può difficilmente fare a meno di essi per rafforzare le garanzie[70].

Questo rilievo consente alla studiosa di risolvere l'annosa contrapposizione tra i sostenitori della monarchia assoluta che rivendicano esclusivamente al monarca la sovranità ed i rappresentanti della sovranità popolare: la sovranità

[69] Ivi, 70.
[70] Ivi, 71.

appartiene allo Stato in sé, inteso come persona giuridica, non ai suoi detentori pro-tempore. Né monarchia assoluta né dittatura di maggioranze occasionali sono legittimate a considerare la gestione del potere come cosa propria, per cui la Stein può mirabilmente affermare: «La vita dello Stato è del tutto racchiusa nell'ambito della libertà e si estrinseca in atti liberi»[71].

## 2.5 Stato e valori

«Spetta allo Stato come tale [...] un valore?»[72] Questa è la domanda che, esplicitamente formulata, guida la Stein nella riflessione conclusiva del suo saggio. Lo Stato in sé, osserva la studiosa, non è strettamente necessario né per lo sviluppo del singolo individuo, né per la realizzazione della giustizia, né per produrre il valore della vita comunitaria. Piuttosto, sviluppo individuale, diritto puro e vita comunitaria preesistono nei confronti dello Stato stesso e l'intervento di quest'ultimo non produce autonomamente tali valori quanto piuttosto contribuisce a realizzarli. I valori etici, infatti, sono valori personali e riguardano l'essere umano ed i suoi comportamenti, non la struttura giuridica dello Stato né il diritto positivo da esso prodotto. Sia diritto che morale possono "valere" ed "essere in vigore": così come il diritto ha la sua validità, allo stesso modo la morale ha un suo dominio. Chiarisce la Stein:

> Ma l'origine è diversa. La morale non può essere istituita come il diritto. Essa riflette l'*habitus* spirituale di una comunità di persone, il loro atteggiamento fondamentale di fronte al mondo dei valori e, come questi, non può essere prodotta, cambiata o abolita per mezzo di atti liberi[73].

Ovviamente lo Stato, con le sue norme, può produrre un cambiamento sul comportamento dei suoi cittadini che, alla lunga, può produrre un mutamento morale. Potrebbe essere a volte anche doveroso un intervento indiretto di questo

[71] Ivi, 72.
[72] Ivi, 137.
[73] Ivi,150.

tipo, mai però sarebbe giustificabile la pretesa del legislatore di realizzare direttamente un certo ordine morale. Lo Stato cesserebbe di esistere se smettesse di essere responsabile dell'ordinamento giuridico, ma non sarebbe indebolito dal fatto di non occuparsi direttamente di norme etiche: lo Stato infatti è soggetto di diritto ma non persona nel senso pieno della parola.

Ciononostante la Stein si domanda «che cosa possa essere richiesto allo Stato in nome dell'etica, sempre in questo modo indiretto»[74].

Il valore la cui realizzazione pare affidata in maniera specifica allo Stato è la giustizia: per cui si richiede che il suo diritto sia un "diritto giusto". A questo punto la Stein, pur divergendo dalla concezione etica dello Stato propria dell'hegelismo, si avvicina al filosofo idealista nel ritenere che portatrice del valore della giustizia sia direttamente non lo Stato ma la comunità in esso ricompresa. Le leggi dello Stato possono essere anche condizioni preliminari della moralità se rimuovono gli ostacoli che una comunità può incontrare nel perseguire i propri valori, mai però devono essere ritenute "condicio sine qua non" della moralità. La nostra autrice non esclude quindi che lo Stato sia abilitato a svolgere un'azione educativa ed etica attraverso lo strumento normativo, ma ciò non è da considerarsi una necessità prescritta dalla sua propria struttura. La Stein affronta anche il difficile tema dei rapporti tra Stato e religione ritenendo che quest'ultima sfera abbia, nei confronti di tutte le altre, una precedenza assoluta. Comandi di Dio da una parte, leggi dello Stato dall'altra. Spiega la studiosa:

> Ci troviamo di fronte a due rivendicazioni di autorità, che si escludono a vicenda nella loro assolutezza. Perciò è comprensibile che lo Stato si rivolga ai singoli fedeli, soprattutto alla Chiesa, in quanto realizzazione visibile e permanente di un'autorità che minaccia la sua sovranità, con diffidenza se non con aperta ostilità. D'altra parte si può capire che tra i fedeli sempre di più si rafforzi l'idea dello Stato come Anticristo[75].

---

[74] Ivi,153.
[75] Ivi, 161.

Davanti a questo conflitto la Stein non azzarda alcuna soluzione sul piano teorico ma ricerca un accordo possibile solo sul piano pratico sulla base delle parole evangeliche "date a Cesare ciò che è di Cesare" da lei interpretate come riconoscimento condizionato dell'autorità dello Stato presupponendo che quest'ultimo non escluda di "dare a Dio ciò che è di Dio". Conclude la ricercatrice:

> Se lo Stato accetta autonomamente di introdurre ciò nelle sue norme, si pongono le basi per una convivenza di fatto, senza attrito, fra l'autorità politica e la sfera religiosa, in particolare la Chiesa[76].

Ancora una volta è il riferimento ultimo alla persona ed ai valori di libertà di cui è portatrice che illumina la riflessione della Stein nello stabilire precisi limiti all'influenza statale nella sfera religiosa. Se è vero che lo Stato è possibile in quanto animato dal flusso vitale di una comunità di persone che elabora una propria cultura – e quindi anche una forma particolare di relazione con l'Assoluto – allora lo Stato è in dovere di non ostacolare la possibilità stessa di questa relazione.

---

[76] Ib.

Capitolo III

# L'empatia e il buon cittadino
# due categorie dell'*homo socialis*



## 3.1 Un io sociale

> Prendere in considerazione un individuo umano isolato è un'astrazione. La sua esistenza è esistenza in un mondo, la sua vita è vita in comunità. E queste non sono relazioni esteriori che si aggiungono ad un essere esistente in se stesso e per se stesso, ma l'inserimento in una totalità più ampia fa parte della struttura dell'essere umano[77]

Così la Stein introduce l'analisi della dimensione sociale della persona a conclusione del suo corso su *La struttura della persona umana*, tenuto a Münster nel semestre invernale 1932-33. L'essere umano infatti, noi stessi e gli altri, è sempre inserito all'interno di un mondo umano. Ad esempio, lo sconosciuto passante che vedo per strada non mi è dato semplicemente come un essere animato e basta, perché il suo abbigliamento, il suo modo di parlare e di muoversi mi rivelano – spesso a prima vista – il suo stato, la sua professione, la sua posizione sociale; poi potrò venire a sapere che è anche membro di un

[77] E. STEIN, *La struttura della persona umana*, tr. it. di Michele D'Ambra, Città Nuova, Roma 2000,187.

partito, è marito e padre di famiglia, determinazioni tutte legate al suo inserimento in aggregazioni sociali date. Non potrei comprendere la struttura della sua persona, così come quella di qualunque essere umano, senza esaminare in che misura essa sia determinata dal suo essere sociale. Precisa la Stein:

> Ciò che l'essere umano è nel mondo sociale, non determina da solo, ma contribuisce a determinare la forma di tutto il suo essere psicofisico[78].

Sono considerazioni che paiono risentire dell'agitato clima sociale della repubblica di Weimar, dove pericolose dottrine nazionalistiche offrivano rifugio e riscatto contro l'umiliazione della sconfitta, il risentimento per la grave crisi economica, la delusione per la conflittualità del parlamentarismo borghese. Ma queste riflessioni, diversamente da quanto negli stessi anni produceva forse un nefasto influsso teoretico nella filosofia di Heidegger, erano già presenti nel pensiero della fenomenologa che, grazie all'ontologia tomista, poteva declinarle in chiave personalistica. La Stein infatti, volutamente esclude dalle sue analisi il problema della razza *ancora così poco chiaro e molto discusso*[79], mettendo i suoi allievi in guardia contro la diffusa tendenza

> a considerare l'essere umano come determinato esclusivamente dalla sua appartenenza ad un insieme sociale e a negare la personalità individuale[80].

Qualche anno dopo, nel 1936, dedica una delle due appendici della sua opera maggiore, *Essere finito ed Essere eterno*, ad un confronto serrato con *La filosofia esistenziale di Martin Heidegger*, suo ex collega. La Stein apprezza *la ricchezza e forza delle analisi spesso veramente illuminanti*[81] contenute in *Essere e Tempo* e, pur esprimendo un giudizio sostanzialmente negativo sulla

---

[78] Ibidem.
[79] E. STEIN, *La struttura della persona umana*, op. cit., 199.
[80] Ivi, 188.
[81] E. STEIN, *La filosofia esistenziale di Martin Heidegger* in E. STEIN, *La ricerca della verità*, Roma 1999, 153.

concezione dell'Esserci in essa presentata, ne valorizza la dimensione della socialità:

> all'Esser-ci appartiene un essere-con gli altri enti che hanno anch'essi la forma dell'Esserci. Questo non è un incontrarsi di diversi soggetti esistenti ma un essere l'uno per l'altro che è già presupposto per un conoscersi e un comprendersi (empatia). La comprensione degli altri appartiene alla comprensione dell'Esserci[82].

Heidegger però (come Pöggeler, Franzen e Habermas hanno notato) fallisce sostanzialmente la dimensione della socialità con la status derivato dell' essere-con, condivide i sentimenti antioccidentali del suo ambiente considerando il contesto sociale come la dimensione dell'inautentico, ed infine – dopo la svolta degli anni '30 – sposta il momento del passaggio dalla vita inautentica a quella autentica dal piano della decisione individuale a quello collettivo facendolo coincidere con l'affermazione di quell'identità nazionale che il nazismo proprio allora stava creando[83]. La Stein invece negli stessi anni, sostenuta da una visione personalistica e comunitaria ad un tempo dell'essere umano, può ribadire che

> Il primo Esser-ci nel quale l'essere umano si trova gettato non è quello solitario, bensì il comunitario: l'essere-con. L'essere umano conformemente al suo essere è originariamente sia individuo che essere comunitario, ma temporalmente la sua vita individuale e cosciente inizia più tardi di quella comunitaria. [...] La persona è chiamata ad essere tanto membro di un gruppo che singolo; ma per poter essere entrambi nella sua maniera del tutto particolare, dal più profondo, deve dapprima trarsi fuori per una volta dal gruppo in cui in un primo momento vive e deve vivere[84].

Resta comunque ancora da chiarire che cosa l'essere umano riceva dalle comunità in cui progressivamente si inserisce, e cosa invece sia costitutivo del suo essere a prescindere dalla dimensione sociale che lo caratterizza in modo inequivocabile. E' il dibattuto problema del rapporto tra la componente ereditaria, o innata, e quella ambientale nella formazione del soggetto umano. La Stein è convinta che esista un "patrimonio innato" alla base di ogni formazione del tipo sociale, inteso non come una materia prima indeterminata, ma come

[82] Ivi, 158.
[83] Cfr. J. HABERMAS, *Il filosofo ed il nazista*, in «Micromega», 3, 1988.
[84] E. STEIN, *La filosofia esistenziale di Martin Heidegger* , op. cit., 184.

qualcosa di già determinato e che a sua volta determina in modo decisivo tutta la formazione successiva. Scrive l'autrice:

> L'essere umano è già qualcosa quando nasce. Ma cos'è questo qualcosa? [...] L'essere umano è fin dalla nascita essere umano con tutto ciò che, secondo le precedenti riflessioni, appartiene all'essere tale. Ciò implica anche che egli, inizialmente, sia in potenza quasi tutto ciò che è proprio dell'essere uomo, e che si realizzi in atto solo in maniera lenta e graduale. Che cosa e come si sviluppa, dipende dagli influssi ambientali[85].

Risulta evidente che la fenomenologa non ha determinato con precisione cosa, nel singolo uomo, sia innato e cosa invece si formi per influsso ambientale. Certamente egli potrà essere persona libera, alla quale è dato in mano tutto il proprio essere psico-fisico, non per influsso educativo o ambientale, ma perché la sua anima individuale, personale e spirituale, penetra nell'intimo il suo essere (che pur deve l'esistenza all'atto generativo), un'anima che non è ereditaria né è comprensibile solo a partire dall'unione delle cellule germinali dei suoi genitori.

La vita dell'essere umano resta, comunque, vita comunitaria nel cui sviluppo ci si condiziona reciprocamente ed al cui sviluppo si può contribuire proprio a partire da un'essenza umana che appartiene al singolo prima di ogni inserimento sociale. E se la vita umana è vita culturale, mondo spirituale pluriforme fatto di persone individuali e di comunità, di forme sociali e opere spirituali, nelle quali il "Noi" non elimina l'Io ed il Tu, ciò avviene in quanto essa è immagine della Trinità creatrice. E' questa la prospettiva, presentata in *Essere finito ed Essere eterno* a partire dalla quale la religiosa arricchisce la sua analisi della dimensione comunitaria del vivere umano presentando la comunione trinitaria come *un'unità perfetta del noi come non può essere raggiunta da nessuna comunità di persone finite*[86]. Ed è sempre con visione religiosa dell'esistenza che la Stein conclude il suo corso di Münster:

> Un essere umano può essere chiamato a porre tutta la sua forza al servizio del suo popolo. [...] Ma il valore dell'essere umano non si misura da questo. Il criterio ultimo del suo valore non è

---

[85] E. STEIN, *La struttura della persona umana*, op. cit., 195-196.
[86] E. STEIN, *Essere finito ed essere eterno,* tr. it. di Luciana Vigone, Città Nuova, Roma 1988, 373.

ciò che opera a favore di una comunità – la famiglia, il popolo, l'umanità - , ma risiede nella risposta alla chiamata di Dio[87].

## 3. 2 Natura e caratteri della comunità

Senza assolutizzare né l'individuo né il tutto in cui è inserito, con un sapiente dosaggio tra l'importanza della presenza del singolo e il ruolo più ampio del contesto di cui fa parte, la Stein procede ad indagare il rapporto tra il singolo e l'associazione umana in un prezioso equilibrio in cui – come osserva la Angela Ales Bello – l'essere umano *rappresenta in effetti un microcosmo, ma un microcosmo aperto*[88]. La dimensione soggettiva non viene dunque trascurata ma ulteriormente studiata al fine di comprendere ciò che accade oggettivamente a livello comunitario. Infatti le manifestazioni spirituali individuali, i diversi apporti ed influssi dei singoli sui gruppi umani di cui fanno parte, le prese di posizione che ciascun componente ha sugli altri determinano la complessa varietà degli atti sociali che possono essere – in relazione ai loro effetti – positivi o negativi. Ad esempio, secondo la Stein:

> L'amore mi rende più forte, mi stimola infondendomi la forza per fare qualcosa di imprevisto. La diffidenza, viceversa, paralizza la mia forza creatrice. Le prese di posizione estranee si innestano subito nella mia vita interiore e ne regolano il corso[89].

La mia vita interiore non è però avulsa dal contesto in cui sono inserito, anzi la stessa comunità è caratterizzata dalla forza vitale che è propria della dimensione psichica dei suoi membri e che, una volta oggettivata, può servire da stimolo ad ognuno di essi.

Nel mondo in cui viviamo incontriamo costantemente delle comunità reali che si configurano come famiglie, popoli, comunità religiose ed altre ma, nella

---

[87] E. STEIN, *La struttura della persona umana*, op. cit., 214.

[88] A. ALES BELLO, *Edith Stein – la passione per la verità*, Edizioni Messaggero, Padova 1998, 48.

[89] E. STEIN, *Individuo e comunità*, in E. Stein, *Psicologia e scienze dello spirito. Contributi per una fondazione filosofica,* trad. it. di Anna Maria Pezzella, Città Nuova, Roma 1996, 231.

quotidianità media, si presta attenzione più agli individui che non alle comunità in cui essi vivono. E' scontato che noi ci accostiamo al singolo proprio a partire dalla comunità che sta alle sue spalle, ma raramente consideriamo con oggettività e distacco proprio quest'elemento comunitario che il più delle volte è dato per scontato. Qui, proprio nel tentativo di approfondire l'indagine del tessuto comunitario, sta– secondo Angela Ales Bello – l'elemento nuovo che si manifesta nell'attenzione per la totalità,

> non da intendersi in senso idealistico [...] ma come totalità e organicità della persona, la quale diventa emblematica per comprendere la personalità delle organizzazioni di grado superiore, nelle quali essa non perde la propria individualità, ma la può, anzi, affermare e dilatare[90].

La comunità è il legame societario più adatto alle esigenze, ai valori ed alla costituzione dell'essere personale umano nella misura in cui, secondo la Stein, rappresenta l'unità delle singole persone autonome, spirituali ed individuali: addirittura la comunità stessa dovrebbe essere intesa come "persona" perché solo in questa forma

> tutti i membri sono persone nel senso pieno della parola, in cui tutti prendono parte con la loro anima alla vita della comunità e in cui tutti sono coscienti della propria condizione di membri e della propria responsabilità in e per la comunità[91].

Alla base di questa concezione ideale della comunità sta, ancora una volta, l'*Einfühlung* inteso come fondamento della comunicazione societaria, del delicato equilibrio fra la dimensione soggettiva ed oggettiva, della possibilità di percepire un senso unitario inerente al vivere sociale. Husserl aveva esposto questa convinzione nei manoscritti che confluiranno nel II volume delle *Idee*, distinguendo una società pre-sociale che non presuppone l'empatia, da una soggettività sociale propriamente detta in cui si ha

---

[90] A. ALES BELLO, *Fenomenologia dell'essere umano, lineamenti di una filosofia al femminile*, Città Nuova, Roma 1992, 120.
[91] E. STEIN, *Individuo e comunità*, op. cit., 292.

esperienza di altri soggetti, oltre che della loro vita interna, un'esperienza in cui ci si da il loro carattere, le loro qualità, le forme della comunità, delle cosalità della comunità, degli oggetti spirituali. Questa esperienza implica sempre il momento della presentificazione entropatica, che non può mai risolversi in una presentazione immediata[92].

In questa prospettiva si colloca anche la nostra autrice la quale è convinta che

nel vivere della comunità si apre un mondo dotato di senso. Sono gli individui che con la loro attività spirituale costituiscono il mondo della comunità[93].

Nell'indagine steiniana ritorna con insistenza l'accostamento "comunità = persona" e negli elementi costitutivi della personalità – spiritualità libera, volontà, responsabilità, originalità - vengono anche ritrovati gli elementi indispensabili alla vita comunitaria. Questa è comunque possibile anche se non tutti i membri della comunità sono persone libere e pienamente consapevoli; certamente, in questo caso, il fatto di mirare ad uno scopo è portato a compimento dalle persone che vivono nella comunità nella pienezza della loro vita personale e nella partecipazione consapevole e responsabile alla vita comunitaria. Se questa è la cornice al cui interno si colloca la ricerca steiniana, occorre adesso approfondire alcune altre questioni. Innanzitutto, per quale motivo gli esseri umani si uniscono in forme di vita associative? La studiosa individua il valore a cui è diretto l'impulso dei singoli ad unirsi ed in cui si attua la comunità

nella liberazione dell'individuo dalla sua solitudine naturale e nella formazione di una nuova personalità sovraindividuale che unisce in sé le forze e le capacità dei singoli[94].

La nuova personalità sovraindividuale che così ha origine rispecchia a grandi linee la struttura della psiche individuale e ciò si manifesta innanzitutto

---

[92] E. HUSSERL, *Idee per una fenomenologia pura e per una filosofia fenomenologica, Vol. II*, tr. it. a cura di Enrico Filippini, Einaudi, Torino 1976 vol. II § 51, 594.

[93] E. STEIN, *Individuo e comunità*, op. cit., 218.

[94] E. STEIN, *Individuo e comunità*, op. cit., 288-289.

nella forza vitale il cui aumento o diminuzione determina il sorgere o il declinare della vita di un popolo e le cui infinite variazioni spiegano l'oscillare continuo della stessa. E' un meccanismo simile a quello che opera nella psiche individuale: una riserva di forze che deve sostenere una serie di funzioni diverse, senza essere assorbita da alcuna di esse, liberando le sue eccedenze e tutelandosi quando viene minacciata. Precisa la Stein:

> La forza vitale di una comunità non è indipendente dai suoi singoli elementi, ma si compone della forza dei singoli. [...] Ogni individuo mantiene determinate riserve per la propria vita individuale; inoltre bisogna considerare che ogni persona appartiene ad una serie di comunità tra le quali egli ripartisce le sue forze[95].

C'è chi fornisce alla comunità forti energie, chi le porta un contributo limitato e chi ancora assorbe da essa più di quanto non da. Questo mirabile circolo di forza vitale consente che

> qualcuno nel servizio della comunità compia opere che non potrebbero essere sostenute dalle forze da lui fornite personalmente. E'anche pensabile che una persona utilizzi per la propria vita individuale le forze che affluiscono dalla comunità, sottraendole, quindi, alla comunità stessa[96].

Con queste considerazione la Stein è passata, dalla "causalità psichica", indagata nella prima parte del suo lungo saggio nell'ambito strettamente individuale, alla trasmissione di forza da un individuo ad un altro. Sono così delineati i nessi causali che oltrepassano la sfera propriamente individuale offrendo così, in direzione biunivoca, sia sostegno "esterno" all'azione del singolo, sia influsso dello stesso singolo sul tenore delle motivazioni e dei risultati dell'agire comunitario.

Chiarisce la Stein:

---

[95] Ivi, 223.

[96] Ivi, 224.

Il tono della forza vitale di una comunità dipende da questi due fattori: dalla forza vitale di cui dispongono i suoi elementi e dalla misura in cui questi dedicano la forza a loro disposizione alla comunità. Perciò la forza di una comunità può essere rafforzata in due modi: o incorporando altri individui di grande vitalità oppure impegnando maggiormente gli elementi che ne fanno già parte. Corrispondentemente può essere indebolita in due modi: o attraverso la perdita dei suoi membri oppure perché gli individui che vi appartengono riducono le loro prestazioni in favore della comunità[97].

Così come accade per l'individuo, anche la forza vitale della comunità ha le sue fonti. Tra queste la studiosa menziona il confronto con la soggettività estranea di un'altra comunità ed i suoi valori (non necessariamente positivi); le prese di posizione sociali come amore, fiducia, gratitudine da un lato e diffidenza, antipatia, odio dall'altro che rispettivamente formano o disgregano la comunità; i valori di cui le singole persone sono portatrici e le opere culturali che formano un'identità collettiva. Al di là di questi fattori che alimentano la forza vitale della comunità, proseguendo nella relazione esistente tra individuo e comunità, occorre anche delineare gli elementi che, analogamente alla personalità individuale, costituiscono la comunità oltre la stessa forza vitale. In questo ambito le capacità sensibili, pur costituendo lo strato inferiore della psiche individuale comunque fondante sia per il carattere del singolo che per quello della comunità in cui è inserito, non appartengono propriamente alla psiche di una comunità. Non c'è alcun dubbio, invece, nell'attribuzione di capacità intellettive anche alla vita di un popolo, distinguendolo così da altri popoli. Ci sono infine le qualità caratteriali specifiche, anima e nucleo della persona, che in qualche misura escono dall'essere umano quando vive i valori e crea delle opere. L'indagine fin qui svolta consente già di precisare tre fattori costitutivi della comunità, quasi tre diversi vissuti che entrano a costituirla a vari livelli: innanzitutto il vissuto del singolo soggetto con la sua esperienza personale che non si esaurisce nella funzione sociale che riveste; successivamente l'esperienza comune che non è data semplicemente dalla somma delle singole esperienze atomiche individuali ma da un di più di senso

---

97 E. STEIN, *Individuo e comunità*, op. cit., 225.

che si viene a costituire; infine un flusso vivificante che unifica il tutto e che costituisce la vita della comunità. Proprio quest'ultimo fattore mette in comunicazione il momento soggettivo (la forza che proviene dai singoli soggetti) e il momento oggettivo (elementi naturali e culturali) che insieme costituiscono la vita della comunità.

## 3. 3 Solidarietà e valori

L'amore per la storia, accesosi durante i primi semestri di studio all'università di Breslavia, è rivisitato da Edith Stein nella sua autobiografia come

> un'appassionata partecipazione agli avvenimenti politici presenti come divenire storico ed entrambe le cose scaturivano da un senso di responsabilità sociale insolitamente forte, da un sentimento di solidarietà con tutta l'umanità, ma anche con la comunità più prossima[98].

Il riferimento alla comunità più prossima in cui si è inseriti, parallelamente al sentimento di solidarietà che viene evidenziato, rappresentano per la studiosa due fattori che – anche nel saggio *Individuo e comunità* – si richiamano vicendevolmente. Infatti una comunità può esistere solo se si basa su una reciproca apertura dei suoi membri che, in questo modo, si dispongono a costruire un'unità non sommativa ma qualitativamente nuova rispetto ai semplici elementi che la costituiscono. In altri termini, ancora una volta si tratta della capacità di empatizzare il vissuto estraneo: solo facendo empatia io posso stabilire un rapporto scambievole tra individui diversi, assumere un atteggiamento di disponibilità nei confronti di altri esseri umani, fornendo in questo modo il mio personale contributo al sorgere di una personalità unitaria sopraindividuale (quale è appunto una qualsiasi comunità). Sentenzia

---

[98] E. STEIN, *Storia di una famiglia ebrea. Lineamenti autobiografici: l'infanzia e gli anni giovanili,* tr. it. di Barbara Venturi, Città Nuova, Roma 1992, 173.

risolutamente la Stein: *Nella comunità domina la solidarietà*[99]. E' nella solidarietà infatti che si manifesta la forza vitale comunitaria, è ancora la solidarietà a delineare una personalità unitaria sopraindividuale che non assorbe in sé il singolo ma è qualificata da Angela Ales Bello come la

> connessione profonda che nasce dalla forza psichica o spirituale individuale, la quale interagisce con quella degli altri; dalla qualità dell'interazione nasce la possibilità o meno della comunità che può essere ovviamente sempre minacciata dalla disgregazione e dal contrasto[100].

Secondo la Stein, che approfondisce le prese di posizione positive che formano la comunità, come quelle negative che la disgregano, chi mi ama non perde parte delle sue forze quando in questo modo col suo amore mi è di stimolo, né viceversa chi mi odia può con questo atto impadronirsi delle mie forze logorate; al contrario, chi vive l'amore riceve una potente forza stimolante che alimenta le sue forze, mentre l'odio le consuma. Quindi, già nella dimensione soggettiva sono presenti fattori che, pur sottraendosi ad ogni possibilità di calcolo meccanicistico, alimentano il rapporto causale che, dalle prese di posizione individuali, entra a costituire o a disgregare la comunità.

> Se proviamo a chiederci da che cosa scaturiscano le prese di posizione che hanno effetti così straordinari [...] vediamo che si tratta di valori collegati indissolubilmente alla persona. [...] Per essere più precisi, quando gli individui sono aperti gli uni verso gli altri, quando le prese di posizione dell'uno non vengono respinte dall'altro, ma penetrano in lui dispiegando appieno la loro efficacia, sussiste una vita comunitaria in cui entrambi sono membri di un tutto e senza tale rapporto reciproco non può esservi comunità[101].

Così come nella dimensione della solidarietà, infatti, nasce e si sviluppa la vita comunitaria, per converso questa viene a mancare quando i suoi membri si estraniano da essa o si utilizzano reciprocamente non come persone ma come oggetti: in questo caso non sono possibili né il contagio attraverso gli stati vitali estranei, né l'influenza dalle prese di posizione estranee, né infine la

---

[99] E. STEIN, *Individuo e comunità*, op. cit., 160.
[100] A. ALES BELLO, *Fenomenologia dell'essere umano, lineamenti di una filosofia al femminile*, op. cit., 122.
[101] E. STEIN, *Individuo e comunità*, op. cit., 231-232.

motivazione; in breve verrebbe a cessare la crescita di una personalità unitaria sovraindividuale. Quanto diversa, invece, la situazione in cui le persone sono portatrici di valori e si riconoscono e si rispettano in quanto tali. Sono proprio questi valori personali (e non esistenziali) che, avendo una consistenza propria al di là dei loro portatori, possono dispiegare contenuti in cui è insita una forza vivificante che fa crescere la comunità. La Stein descrive questo dinamismo con un efficace esempio legato all'amor di patria e senza cadere nel bieco nazionalismo:

> L'amore che provo per il mio popolo inizialmente produce la sua azione in me, aumentando le mie forze e spingendomi a dedicarmi di più al suo servizio e a vivere più intensamente come suo membro. Tale amore può trascinare anche gli altri, cioè risvegliare in loro l'amore per la patria accrescendo le loro forze e infondendole, così potenziate, nella comunità. Infine, [...] l'amore può agire, io e gli altri ci sentiamo amati in nome della comunità e ci sentiamo rafforzati da questo[102].

In questo modo giungono alla vita comunitaria nuovi impulsi da cui può procedere la vita comunitaria; mentre un singolo che si chiudesse in se stesso, impedendo alla ricchezza della sua vita interiore di trasparire all'esterno, non potrebbe essere considerato come un organo della comunità perché non permetterebbe a questa di arrivare alle fonti da cui possono partire gli impulsi vitali. Nel corso del 1932-33 su *La struttura della persona umana* la Stein ritorna sul rapporto inscindibile "valori – comunità" e scrive nel capitolo dedicato alla persona come essere sociale: *Senza un minimo di amore la comunità non può esistere*[103]. Infatti secondo la nostra autrice, amare un essere umano significa rispondere al suo valore personale, prendervi parte cercando di proteggerlo e conservarlo; domandare amore significa chiedere che gli altri riconoscano il proprio valore personale e desiderare di essere rassicurati dagli altri sul proprio personale valore. E poiché ogni conoscenza e riconoscimento di un valore sono, di per sé, qualcosa di prezioso - conclude la Stein –

---

[102] Ivi, 234.
[103] E. STEIN, *La struttura della persona umana*, op. cit., 209.

la comunità è qualcosa di prezioso, tanto più prezioso quanto più alti sono i valori, più forte l'impegno per essi, vale a dire quanto più essa è comunità e quanto più lo è in maniera pura[104].

## 3. 4 Le aggregazioni sociali

Per Edith Stein, quindi, i diritti non possono essere radicati nell'interesse individuale o sul bisogno della massa; non deve essere una libertà di, né una libertà da, ma una libertà con affinchè possa esserci una convivenza dignitosa. All'interno di una società immateriale si ha un arricchimento non attraverso la separazione dei sapere ma con la condivisione di questi. La condivisione è empatia. Edith Stein, seguendo il seminario di Husserl del semestre estivo del 1913 sulla natura e lo spirito, rimane colpita dalla tesi di Husserl riguardante il problema della conoscenza oggettiva del mondo esterno. Questi ritiene che tale conoscenza sia conseguibile solo in maniera intersoggettiva, cioè da un numero di individui che si trovano fra loro in uno scambio reciproco di conoscenze. Husserl, rifacendosi al lavoro di Theodor Lipps, chiama empatia (Einfühlung) l'intuizione che ha come oggetto gli altri individui. La Stein, nella sua tesi di laurea, decide perciò di studiare approfonditamente l'atto di empatia. Lo spiega come quell'atto attraverso il quale si coglie un vissuto estraneo in modo non-originario. Per illustrare l'empatia, fa l'esempio seguente: «Un amico viene da me e mi dice di aver perduto un fratello e io mi rendo conto del suo dolore. Che cos'è questo rendersi conto?». Nell'esempio l'empatia consiste nel cogliere il dolore dell'amico, come il suo dolore, cioè appunto come un dolore non originario rispetto al proprio vissuto. L'autrice distingue tre gradi di attuazione dell'empatia: 1) l'emersione del vissuto; 2) la sua esplicitazione riempiente; 3) l'oggettivizzazione comprensiva del vissuto esplicitato. Il primo grado consiste nella lettura di un'espressione emotiva sul volto di qualcuno; il secondo consiste

[104] Ivi, 210.

nel dirigersi intenzionale dell'attenzione verso lo stato d'animo dell'altro. L'oggetto del vissuto non è più l'espressione emotiva, quanto piuttosto lo stato d'animo dell'altro, con il quale ci si immedesima. Il terzo grado pone attenzione al dolore dell'altro, colto, a questo livello, come oggetto, come vissuto altrui. Se il secondo grado era un «essere presso» il vissuto altrui, questo grado comporta una riguadagnata distanza, arricchita però dalla consapevolezza conseguita nel grado precedente[105]. Va, in ogni caso, tenuto presente che l'empatia non consiste necessariamente nel raggiungimento del livello più alto ma, anzi, spesso si limita all'attuarsi del livello più basso. Stein, alla domanda kantiana "cos'è illuminismo" risponde che è una uscita da uno stato di minorità. Con lei si discute sulla natura del soggetto attraverso l'epochè (la sospensione del giudizio). Il soggetto si presenta come fenomeno quando esprime la sua essenza nelle relazioni con gli altri (egli quindi appare in termini di modernità come non minorenne). Si relaziona con gli altri attraverso un atteggiamento di empatia. L'empatia viene considerata dunque come presupposto teoretico della solidarietà tra gli esseri umani in quanto consente di stabilire un rapporto comunicativo che, pur passando attraverso la corporeità, la supera realizzando possibilità di autentica comunicazione che costruisce legami di tipo comunitario tra i soggetti coinvolti. Sulla base di questo si sviluppa il diritto; infatti l'epicentro del diritto è la persona. Solo a partire da questa si sviluppa il diritto attraverso la testualità giuridica, le leggi, lo stato. Alla base di uno stato deve esserci la *dignitas* della persona. Si parte dalla dicotomia società/comunità. La società è basata sull'utile, la comunità sul gratuito. La comunità è la relazione di persone. Le persone si relazionano quando riconoscono l'alterità cioè trattano un soggetto non secondo il suo ruolo burocratico ma tenendo presente il principio di uguaglianza nella differenza e non ledendo quindi la sua *dignitas*. Il soggetto ha in comune con gli altri uno spaziamento determinato non solo dai suoi impulsi vitali (come diceva

[105] E. STEIN, *Il problema dell'empatia*, tr. it. Elio Costantini ed Erika Schulze Costantini, Studium, Roma 1985.

Leibniz) ma anche dalla ricerca della condivisione piena di senso. In uno stato ciò che è giusto e ciò che non è giusto deve essere deciso sulla base della dignitas. Solo quando prevale il gratuito (quindi nella comunità) si può formare uno Stato basato sulla dignitas. Infatti la società classica viene definita "una monade senza finestre" (Leibniz). Una società cristallizzata, quindi già definita, non è in grado di gestire una convivenza ma solo una sopravvivenza. Invece la società non è finalizzata a custodire la *dignitas* ma la *dignitas* diventa una sorta di Grundnorm (Kelsen). Queste nuove forme di convivenza sono basate su una solidarietà empatica molto lontana dal concetto di monade. Nelle forme di coesistenza non è reperibile la priorità gerarchica che invece è reperibile nelle forme di convivenza. Nelle forme miste invece è un plus (la gerarchia) dato alla comunità che porta alla possibilità di sempre nuove formazioni di governo. La dicotomia società comunità non rappresenta due poli contrapposti ma l'incipit per stabilire nuove strutture comunitarie (che non necessitano la presenza di un utile). Scheler afferma non esiste società senza comunità, ma esiste la comunità senza la società. Non si può escludere in Stein un influsso di Scheler. Stein sostiene che lo Stato deve selezionare sulla base del giusto degli elementi che lo rappresentino interamente e che vadano a costituire un potere. Deve essere uno stato imparziale (non deve favorire alcuni uomini piuttosto che altri) altrimenti negherebbe gli a priori del diritto puro (principio di uguaglianza nella differenza e terzietà). Per la moderna costituzione di uno stato lo stato deve avere una forma e una struttura. Lo stato è una forma di associazione. Oltre al fulcro utilitaristico, deve essere basato sull'empatia di persone libere (cioè persone che compiono atti spontanei per la formazione dello stato). L'elaborato della persona è lo stato. Lo stato deve essere terzo nella legislazione cioè non favorire nessuno ma favorire solo la ricerca del giusto. Lo stato non prova sensazioni o emozioni ma sono le persone che lo compongono (= quelle che compiono atti statali) che le provano e le esprimono attraverso la parola. Lo stato si serve delle persone per garantire e promuovere la loro *dignitas*. Differenza tra soggetto e persona:

soggetto: colui che è capace di compiere atti+ titolare dei diritti; persona finalità di tali atti. La persona è riconosciuta solo quando manifesta la *dignitas* attraverso la parola. Lo stato all'inizio è costituito da una massa: momento di aggregazione di persone sulla base di interesse transitorio). La massa è differente dalle rivolte di massa cioè quelle persone che portano in piazza i loro problemi definiti reali ma non sono in grado di progettare una soluzione finale per garantire la *dignitas*. Scheler afferma che la massa di muove sulla base dell'utile e dell'imitazione. Stein concorda dicendo che si forma sulla base di un processo implicito (sono accomunate da esigenze economiche, politiche ecc). Quando queste ideologie vengono meno la massa si smonta cioè non dura nel tempo. I tre momenti di aggregazione sono: società, massa, comunità.

Massa: non può andare a fondare uno stato di diritto perché non perdura nel tempo, manca di consapevolezza, ma può essere un punto di partenza per la comunità. Qui un soggetto societario viene trasmutato in un soggetto obiettivato. Questo non significa cosalizzazione e svuotamento della personalità ma piuttosto tensione tra oggetto e soggetto. Diversamente dalla comunità, la massa non ha un carattere proprio e non può dunque distinguersi da un'altra massa, ma è data semplicemente da

> una connessione di individui che si comportano con uniformità; manca ad essa la vera unità interiore di cui vive il tutto[106].

La massa è, dunque, un insieme di individui che si comportano tutti allo stesso modo ma senza condividere quel di più di senso, caratteristico della comunità, che unisce il tutto. Non esiste confronto reciproco tra soggetti, non c'è possibilità di sacrificio dell'uno in favore dell'altro, non c'è unità di comprensione dei problemi e delle situazioni. Gli individui sono legati in unità solo esternamente per la comunanza spaziale in cui operano e conseguentemente ad essa. Continua la Stein:

---

[106] E. STEIN, *Individuo e comunità*, op. cit., 259

In qualità di membro della massa si vive in maniera del tutto anonima. Mancano assolutamente, nell'ambito della massa, la comprensione reciproca e la convivenza reale, che sono gli elementi essenziali della comunità. Dominano invece la totale chiusura in se stessi, la tendenza ad essere assorbiti nel proprio vivere[107].

Da questa descrizione emerge chiaramente che la vita della massa non è di tipo spirituale e che, conseguentemente, gli individui non si relazionano tra loro come persone attraverso le cui anime scorre un flusso vitale carico di senso. Se il contesto della comunità rappresenta dunque l'ambito adatto per allargare l'empatia a livello sociale, la massa al contrario è il luogo meno adatto per il dispiegarsi del processo empatico in quanto non c'è vita spirituale né reciproco riconoscimento dei soggetti e dei loro vissuti.
Comunità: deve stabilire le relazioni sulla base dell'empatia. La comunità è istituita (cioè c'è consapevolezza). È volta ad attuare la *dignitas*. La comunità appunto, intesa come unione organica di individui amalgamati dalla solidarietà e animati da rapporti in cui i soggetti non si contrappongono vicendevolmente ma si lasciano attraversare dalle rispettive emozioni vitali. In questo contesto è possibile che gli atteggiamenti assunti all'interno della comunità destino o assopiscano le potenzialità di ciascuno dei suoi membri.

Rispetto all'aggregazione tipica della massa, invece, la società rappresenta un'unione personale più stretta tra gli individui che la costituiscono. Questa la definizione proposta dalla Stein:

In contrapposizione con la massa si pone la società, come legame specificamente spirituale e personale. La sua caratteristica consiste nel fatto che gli individui sono uniti per il raggiungimento di uno scopo[108].

Questo scopo, che razionalmente viene perseguito, può essere l'attuazione del programma di un partito, l'esecuzione di un lavoro, la fondazione di un'associazione per la tutela di particolari diritti, l'avvio di un'impresa

[107] Ivi, 305.
[108] Ivi, 270.

economica e così via. La società nasce dal fatto che le strutture societarie sono permeate sulla base della comunità (dignità=giustizia). Le relazioni sociali sono estranee alla comunità che invece prevede una scelta libera.

Ferdinand Tonnies individua così due forme diverse di organizzazione sociale: la comunità (Gemeinschaft) e la società (Gesellschaft). La comunità è un rapporto reciproco sentito dai partecipanti, fondato su di una convivenza durevole, intima ed esclusiva. Per Tonnies, la comunità è organica, le cui forme embrionali emergono in seno alla famiglia nei rapporti tra madre e figlio, tra moglie e marito, tra fratelli, per estendersi poi ai rapporti di vicinato e di amicizia. Tali rapporti sono improntati a intimità, riconoscenza, condivisione di linguaggi, significati, abitudini, spazi, ricordi ed esperienze comuni. I vincoli di sangue (famiglia e parentela), di luogo (vicinato) e di spirito (amicizia) costituiscono delle totalità organiche – le comunità appunto – in cui gli uomini si sentono uniti in modo permanente da fattori che li rendono simili gli uni agli altri e al cui interno le disuguaglianze possono svilupparsi solo entro certi limiti. Nulla di tutto ciò avviene nell'ambito della società. Nella società, gli individui vivono per conto loro, separati, in un rapporto di tensione con gli altri e ogni tentativo di entrare nella loro sfera privata viene percepito come un atto ostile di intrusione. Il rapporto societario tipico è il rapporto di scambio: nello scambio i contraenti non sono mai disposti a dare qualcosa di più rispetto a quel che ricevono; anzi, lo scambio avviene proprio perché ognuno ritiene di ricevere qualcosa che ha un valore maggiore di quello che cede, altrimenti non entrerebbe neppure nel rapporto. Venditori e compratori sono in rapporto di reciproca competizione, giacché i primi cercano di vendere al prezzo più alto possibile, mentre i secondi cercano di acquistare al prezzo più basso possibile. Il guadagno dell'uno è la perdita dell'altro. Il rapporto di scambio, poi, non mette in relazione individui nella loro totalità, ma soltanto le loro prestazioni; chi vende non è interessato al compratore come individuo, né all'impiego che questi farà del bene scambiato, ma solo alla sua capacità di pagare il prezzo stabilito.

Dunque, rispetto all'aggregazione tipica della massa, la società rappresenta un'unione personale più stretta tra gli individui che la costituiscono. Questa la definizione proposta dalla Stein:

> In contrapposizione con la massa si pone la società, come legame specificamente spirituale e personale. La sua caratteristica consiste nel fatto che gli individui sono uniti per il raggiungimento di uno scopo[109].

Questo scopo, che razionalmente viene perseguito, può essere l'attuazione del programma di un partito, l'esecuzione di un lavoro, la fondazione di un'associazione per la tutela di particolari diritti, l'avvio di un'impresa economica e così via. Ciò presuppone che le società abbiano un inizio (l'atto volontario che le costituisce) ed una fine (data da un altro atto arbitrario che eventualmente le scioglie al raggiungimento dello scopo prefissato). Tra l'inizio e la fine si dispiega la vita della società, non da intendersi col significato organicistico che caratterizza la comunità ma come attività diretta ad uno scopo.

E' proprio in vista della meta da raggiungere che la società si dà una determinata organizzazione, stabilisce le funzioni ed ripartisce i ruoli tra i suoi membri; è ancora in relazione alla meta da conseguire che lo sviluppo della società viene considerato come un progressivo avvicinamento ad essa.

Alla base dello stato c'è la sovranità e questa non viene istituita direttamente dallo stato ma dalla persona. Infatti la persona crea istituzioni giuridiche per garantire la dignità mediante l'azione legislativa. Esistono due tipologie di comunità: statale e di popolo ma entrambe volte a trattare la dignità anche se in modo diverso. Statale in cui viene marcato il concetto di sovranità; comprende molteplici popoli. Stein auspica che la struttura statale abbia una formazione che si situi nelle forme miste socio- comunitarie di popolo: manca il concetto di sovranità; decide di non dotarsi di un'organizzazione statale.

---

[109] Ivi, 270.

Cos'è il popolo? Stein risponde in una lettera a Roman Ingarden che i popoli sono persone che hanno una propria vita, crescono e scompaiono e non dobbiamo sapere quanto possano diventare grandi. Questi infatti sono come le cellule del corpo umano, esistono ma non si sa se faranno crescere l'organo. Ma l'uomo non è solo cellule ma anche coscienza quindi può scegliere se sottomettersi o meno. Tanto più forte diventa la presa di coscienza del popolo, tanto più forte sarà l'organizzazione dello stato. Il problema sorge per quei popoli che non trovano la loro rappresentazione nella comunità statale. Edith Stein risolve il problema ponendo dignità non solo alle persone ma agli stessi popoli.

> Per popolo intendiamo prima di tutto una comunità nel senso più ampio del termine, cioè una formazione sociale a cui appartengono persone individuali. Essa si distingue da altre formazioni sociali da un punto di vista unicamente esteriore, in virtù della sua dimensione. [...] E' proprio del popolo avere una vita che si distingue dalla vita del singolo che vi appartiene[110].

I singoli uomini nascono e muoiono, ma non il popolo nel quale essi vivono, anche se esiste sia una comparsa sia un'estinzione dei popoli. La storia mostra i popoli in uno stadio avanzato del loro sviluppo e può registrare la loro estinzione ma molto raramente la loro nascita (vi supplisce la leggenda). La vita di un popolo è dunque "storia", lo scenario è la terra entro la quale ogni popolo, inteso come soggetto sociale, compie azioni e realizza destini; in questo sviluppo della vita di un popolo, nulla accade però senza che il singolo individuo vi prenda parte perché il popolo non ha vita al di là dei suoi membri, ma solo in essi. La domanda è la comunità statale esiste anche nel momento in cui viene a mancare il popolo? La risposta si fonda sulla costituzione giuridica dello stato che implica la presenza di persone con dignità. Quindi quando lo stato commette ingiustizie nega la dignità della persona.

---

[110] E. STEIN, *La struttura della persona umana*, op. cit., 199-200

Partendo dal concetto di *filia* per Aristotele[111] che è un a priori, lei lo interpreta come vincolo rafforzativo della relazione tra persone, popoli e stati; la struttura statale per Aristotele è autarchia che nell'opera di Stein si concretizza nel concetto di Stato sovrano e terzietà dello stato legislatore; la comunità statale non necessita del requisito di popolo (cioè di unità) ma solo di quello di persone.

La struttura di popolo invece ha l'intenzione di manifestare una sua unitarietà cioè l'espressione di una propria cultura (che è la spiritualità del popolo): cultura della dignità.

Per Stein lo stato presenta come base la comunità di popolo nel momento in cui si presenta a priori; se lo stato moderno manca di questi presupposti non è uno stato di diritto. l'elemento peculiare è la terzietà sulla base della quale si afferma la *dignitas* (a differenza di Kant che pensa che ci debba essere una divisione gerarchica di poteri). L'equazione DIRITTO=STATO diventa un mezzo attraverso cui ci si distanzia dalla *grundnorm*, priva del riferimento a priori della *dignitas*. Stein trae spunto da Tonnies[112] per quanto riguarda il realismo fenomenologico per differenziare le formazioni comunitarie da quelle sociali; al contrario di Tonnies la sua riflessione verte sulla concezione di società che potrebbe svilire il concetto di *dignitas*. La società è formata su interessi utilitaristici e istituita dalla volontà di persone libere. A differenza della comunità non è omogenea. Lo stato per fondarsi sulla dignità deve perseguire un interesse comune che permane come tale sulla base della condivisione empatica. Gli a priori del diritto puro in uno stato fondato sull'empatia sono: la dignità dell'individuo ad essere riconosciuto come persone per evitare il patto utilitaristico tra dominante e dominato. Solo la comunità statale può fare leggi e quindi istituire un diritto positivo (ordinamento con al centro come a priori la persona). Il popolo non si basa sull'empatia, la comunità si perché si riconosce l'altro nella sua dignità grazie all'empatia. La dignità è posta da un atto libero e

[111] Cfr. ARISTOTELE, *Etica Nicomachea*, a cura di C. Mazzarelli, Rusconi, Milano 1979.
[112] F TONNIES, sociologo (1855-1936*), Comunità e società*, Laterza, Roma-Bari, 2011.

l'atto libero è compiuto da persona libere che agiscono spontaneamente. Il potere che opera in uno stato è istituito sulla base di una scelta condivisa in ragione di un a priori (*dignitas*). Stein a questo proposito muove critiche alla filosofia contrattualistica, imperativistica e giusnaturalistica perché ledono il concetto di *dignitas* ma prevale il più forte. Il concetto di dignità è una dimostrazione di emancipazione nella storia. Perchè uno stato moderno deve avere come a priori il concetto di *dignitas*? Perché tutti siano considerati uguali nella differenza. La critica è forte nei confronti di quegli stati che hanno imposto la formazione coatta di un popolo unitario col l'insieme di popoli eterogenei tra loro (procedura imposta dal vincitore ai vinti). Se il dominio fosse basato sul rapporto binomiale tra vincitore e vinto non ci sarebbe uguaglianza perché non si riconosce la *dignitas* della controparte. La comunità al suo interno ha un elemento di spiritualità che è la cultura della *dignitas* delle persone. La comunità spirituale si dice sovraordinata perché sulla base di questa si fondano le comunità reali. Lo stato moderno non può essere rappresentato né da una persona né da un insieme di persone ma solo da persone che si relazionano tra loro empaticamente. Formano cioè una comunità sovraordinata sulla cui base dare il via a uno stato basato sulla *dignitas*. Stein dice che per affermare una persona è necessaria la qualificazione come individuo concreto. Quindi prima di essere io puro, la persona fa parte di una comunità e si emancipa tramite relazioni empatiche. Stein prende le distanze da Husserl a partire da questo interrogativo: come la comunità può imporre la dignità come punto cardine delle relazioni giuridiche? Perchè la persona come l'io puro non è purificato dal reale ma pretende dignità nel diritto. l'io nella prassi fa proprio il diritto e lo assorbe attraverso la sua volontà (atti spontanei: persona libera). Sartre interpretando Stein dice che la persona è imprigionata dalla ricerca e dal riconoscimento della dignità. Per Stein invece l'io può sperare nella dignità ma una volta che l'interesse oggettivo viene meno, non cade nell'idealismo. Il suo è una fenomenologia realistica basata sul formalismo. Gli stati moderni giuridici occidentali sono fondati sul riconoscimento di un soggetto sovrano sulla base dell'a priori della persona. Quindi Stein discute di unicità (riferito al sovrano) e plurivocità (riferito al popolo). Nello stato la sovranità non appartiene a nessuno, pur nascendo da persone per persone, quindi significa che non può essere consegnata nelle mani di nessuno (=principio dell'imparzialità). Per lei le scelte di forme di governo non sono essenziali ma sono solo un modo attraverso cui il popolo si esprime. Ogni forma di governo però deve essere imparziale e questo è voluto dalla comunità in quanto ente sovraordinato (formato da persone). Inoltre la comunità non ha una genesi autarchica. Non è significativo che la sovranità appartenga alla comunità di popolo o a quella statale. Non esiste un'idea di stato con una forma privilegiata ma la sovranità non ha il carattere di garanzia della dignità ma ha carattere di autenticità solo quando ha il compito di far riconoscere realmente un diritto positivo strutturata sulla base della dignità. Non si può affermare che lo stato sia persona perché la persona è solo l'individuo in quanto tale. La sovranità dello stato deriva solo dall'agglomerato di persone che convergono in esso liberamente per esprimere e realizzare la propria dignità attraverso atti spontanei. Quindi lo stato è terzo alla garanzia del diritto. Lo stato è e rimane sovrano solo se persegue il diritto puro. La libertà è definibile solo in relazione alla persona. Gli atti spontanei stanno a significare il fatto che la persona sa governare se stessa (autogoverno). Quindi lo stato è considerato una persona a partire dal concetto di persona dato all'individuo. La costruzione della struttura statale prevede la dignità come a priori del diritto puro. Ma lo stato è vulnerabile cioè possono essere commesse azioni contro-giuridiche.

I requisiti per parlare di stato sono:

1. una moltitudine di persone
2. numero di persone stanziale cioè che abbiano un territorio
3. che difendano il proprio territorio con dei confini. Questi ultimi sono criticati da Stein perché riduttivi in quanto non tengono conto dell'a priori del diritto puro e producono disuguaglianza.

4. Non è il territorio che va difeso ma le relazioni interpersonali

### 3.5 Agnes Heller e il buon cittadino

Oggi, in un tempo in cui non vi sono più norme morali concrete, vita buona per la Heller è la vita di donne e uomini che si prendono cura del mondo e degli altri. Se voglio sapere quale sia oggi la cosa giusta da fare per me il primo passo da fare è conoscere le caratteristiche della realtà nella quale prendono forma le mie azioni e conoscere la mia situazione esistenziale, quella cioè relativa al soggetto agente. È proprio da questo punto che prende le mosse l'opera di A. Heller, filosofa contemporanea, che coraggiosamente tenta di rispondere all'interrogativo morale senza ricorrere ad astratti supporti metafisici e senza cedere al nichilismo e allo scetticismo imperanti nella cultura odierna. Nell'etica helleriana le massime, le norme universali non sono astratte ma generali ed il loro contenuto ha bisogno della specificazione, della riduzione al particolare per render l'ethos più versatile e flessibile per farlo aderire meglio alle singole situazioni concrete (sempre diverse e specifiche) a cui quotidianamente va incontro il soggetto morale che in questo modo (passando per la scelta e la decisione) fa esperienza della propria autonomia. E autonomia non significa fare tutto ciò che si vuole; il "buon cittadino", nel modo in cui ce lo presenta Heller, esplica la sua autonomia perché

> si assume la responsabilità delle leggi e delle istituzioni del proprio stato. [...] Il buon cittadino è impegnato riguardo ai problemi di giustizia i di ingiustizia nell'ambito del suo stato, perché si sente responsabile di tutto ciò che accade in esso, e perché desidera che esso abbia la migliore delle costituzioni, le migliori leggi, e i migliori ordinamenti sociali. Il buon cittadino vuole essere orgoglioso della sua città; ed è deciso a fare qualsiasi cosa perché ciò sia possibile[113].

[113] Ivi, pp. 222-223.

L'uomo per eccellenza, è il "buon cittadino" colui che reagisce criticamente alle norme giuste o ingiuste all'interno di una costituzione nel suo stato. Il "buon cittadino" per la Heller è l'emblema della società moderna, perché non si lascia atrofizzare dal vuoto che incombe nella società di oggi ma reagisce impegnandosi[114]a trasformare il giardino arido in un giardino fiorito. Per la Heller è ancora possibile guardare con fiducia al futuro, ma non rifugiandosi in un fragile ottimismo consolatorio che cerca nella vita ragioni per sperare, bensì impegnandosi in una riflessione culturale che trovi nella speranza[115] ragioni per vivere. [116]Ciò non significa certo non voler guardare la realtà per ciò che è; al contrario, significa voler rendere ancora più acuto lo sguardo, spingendolo a guardare l'inquietudine del nostro tempo postmoderno quasi in controluce, per scorgere i tanti fermenti di speranza che l'attraversano. É questo l'impegno che ogni cittadino si deve assumere. In un suo scritto la Heller parla di una società che sia al di là della giustizia[117]. In una società "oltre la giustizia" non ci si uniforma passivamente alle leggi, esiste la possibilità per gli uomini buoni di impegnarsi dando senso alla loro esistenza. Per Bauman quella in cui viviamo è una strana società; ognuno di noi vive all'interno di una società democratica e, pertanto, gode di una libertà soddisfacente e non ritiene opportuno scendere in piazza per rivendicare una libertà maggiore. Ovviamente ognuno di noi nutre anche delle credenze, un proprio ideale, un desiderio di cambiare il mondo, di creare una realtà diversa da quella esistente ma è al contempo conscio di non poter fare ciò. Da un lato, quindi, in quanto libero, il cittadino aspira ad un mondo diverso da quello in cui vive; dall'altro, però, viene a scontrarsi con una realtà che gli impedisce di sognare ed alla quale deve adattarsi. Quindi, la realtà è permeata dalla contraddittorietà: infatti, essa ci dà la

---

[114] Cfr. A. HELLER, *Senza il nostro impegno*, in «La non violenza è in cammino», 165, 30 marzo (2001).
[115] Cfr. A.M. MERLO, *Grandi speranze alla deriva. Intervista ad Agnes Heller*, in «Il Manifesto», 12 febbraio, (1999).
[116] Cfr. A. HELLER, *Persone perbene. Rettitudine e innocenza nel mondo postmoderno*, EDB, Bologna, 2015,.10-11.
[117] Cfr. A. HELLER, *Oltre la giustizia*, Il Mulino, Bologna 1990.

libertà di pensare, idealizzare, sognare e poi costringe ad arrenderci allo "status quo" esistente.

Sono queste alcune delle considerazioni che Bauman svolge ne *La solitudine del cittadino globale* secondo cui il cittadino vive la sofferenza scaturente dalla "degenerazione della politica", dalla mancanza di uno spazio pubblico in cui interagire con gli altri cittadini, in cui realizzare "de facto" la democrazia.

Non c'è più l'"agorà", non c'è più uno spazio pubblico in cui i cittadini possono cooperare per il bene collettivo, in cui «possono attuare la stessa democrazia»[118] (ecco perché essa è solo formale e non più sostanziale).

Oggi, infatti, i cittadini non possono esprimere i loro pensieri, i loro valori, le loro idee perché le decisioni cruciali sono intraprese in uno spazio diverso dall'"agorà" o dallo spazio pubblico organizzato politicamente. Secondo Bauman si dovrebbe concretizzare una società civile, una società che sia ordinata, diretta dallo stato e che, però, garantisca la libertà individuale.

> La società civile rende la libertà individuale sicura: sicura in quanto nella vita quotidiana non rappresenta più un problema, e tanto meno è postulata come tale, ma viene presa per acquisita[119].

La società civile è la somma dei cittadini che pensano al plurale e si pongono uno scopo, è la presa di coscienza del cittadino che ha il senso dell'appartenenza sociale, quindi si muove attraverso un interesse di tipo comunitario che coinvolge una parte di cittadini e si fa carico di chi assiste passivamente agli eventi, ai problemi. La Heller non ha questo atteggiamento di fronte alla società; secondo la filosofa ungherese, invece, una delle cose di cui ha bisogno un'istituzione politica nascente è la capacità di saper ridere di se stessa in maniera costruttiva. L'autoironia e l'umorismo, infatti, si traducono in una sorta di scetticismo ed è una caratteristica molto importante perché si

---

[118] Cfr. Z. BAUMAN, *La solitudine del cittadino globale*, *op. cit.*, p. 103.

[119] Ivi, p. 157.

contrappone al cinismo. Contrariamente a quest'ultimo, lo scetticismo si può definire

> come una sorta di relativismo che mette sempre le cose in discussione, una qualità costruttiva che lascia spazio alla comprensione dei punti di vista di chi ci sta intorno. Sul piano internazionale, si traduce in una forma di liberismo, una specie di antidoto alle ideologie forti, al terrore, all'arroganza e alla superbia. L'umorismo è un modo di rapportarsi alla vita che cammina sulla via, che tradizionalmente appartiene alla più alta cultura europea, della libertà umana, civile e morale[120].

Contrariamente a Bauman, per la Heller,

> il mondo può essere diverso da com'è, e il mutamento può essere ottenuto solo attraverso degli sforzi. È in questo modo che gli stati liberal-democratici, con cittadini uomini e donne sono stati istituiti»[121].

### 3.6 La giustizia e l'etica

Per la nostra filosofa ungherese, i due pilastri dell'etica contemporanea sono stati individuati nel doppio riferimento al buon individuo e al buon cittadino, orientati rispettivamente all'ideale dell'autonomia personale e della saggia costituzione, della libertà e della giustizia, dell'autenticità e della solidarietà, valori necessariamente intrecciati tra loro nel solido vincolo della responsabilità. Questi due tipi richiedono virtù diverse, ma sono entrambi necessari alla società. Il cittadino non è al di là delle virtù; si può essere buoni cittadini senza essere magnanimi, amabili o possedere la virtù della temperanza; l'etica del cittadino si ricollega ovviamente alle norme e alle regole dell'azione politica e alle norme generali dell'ethos indefinito. Il fatto che l'individuo si rechi o meno a visitare gli amici in ospedale, che sia affabile o scostante, gentile o sgarbato, magnanimo o avaro, non ci dice se quell'individuo sia un buon cittadino o meno. La presenza o l'assenza, di virtù del genere è una questione

[120] A. HELLER, *Una risorsa chiamata umorismo*, in «Caffè Europa», 240, (2003).
[121] ID, *Filosofia morale*, *op. cit.*, p. 213.

privata. Inoltre la società moderna prevede un gran numero di modi di vivere, ognuno dotato di un suo apparato di norme e regole[122].

Riprendendo il discorso fatto nel paragrafo precedente, l'uomo buono è chi sceglie la rettitudine, il buon cittadino è chi s'impegna all'interno di una sfera politica e per quanto riguarda le questioni di giustizia e ingiustizia.

Il buon cittadino è chi si fa carico dei diritti dei più deboli e lotta per aiutare il non rispetto delle leggi vigenti seguendo dei principi ben precisi che sono aiutare gli altri ad acquisire una propria autonomia e dedicare un'adeguata parte del suo tempo, del suo denaro e delle sue forze per alleviare le differenze. «Essere un buon cittadino è un impegno politico»[123]. Il buon cittadino è impegnato, responsabile. Lei parte dal presupposto che le condizioni necessarie per una buona esistenza sono state sempre collegate alla giustizia.

La "cosa pubblica" che dovrebbe essere costituita da leggi e ordinamenti sociali è ispirata ai valori universali della vita e della libertà. A tali valori la Heller applica delle "virtù civiche" perché la loro messa in atto non fa altro che contribuire a migliorare «l'esistenza individuale di tutti i cittadini»[124].

"La virtù della tolleranza" è la capacità di accettare radicalmente gli altri, di porsi verso il diverso in modo tollerante (la tolleranza è un requisito fondamentale della libertà che caratterizza il regime democratico). Gli individui che acquistano tale virtù «sfideranno leggi tanto inique da impedire il riconoscimento di determinati modi di vivere e lotteranno per la loro accettazione»[125].

Il coraggio civico è la virtù che spinge ad esprimere chiaramente il proprio sostegno a favore di un'idea opposta a quella vigente, la capacità di esprimere la propria idea e di venire a patti con quella altrui.

---

[122] ID, *La condizione politica postmoderna*, *op. cit.*, 86.
[123] ID, *Filosofia morale*, *op. cit.*, 222.
[124] ID, *La condizione politica postmoderna*, *op. cit.*, 98.
[125] Ivi, 93.

Il coraggio civico è la virtù principale del cittadino moderno, quella che consente non solo la critica dei governi, ma anche quella rivolta alle persone alle quali si è in qualche modo legati.

In un contesto totalitario spesso si combatte da soli perché è difficile che tutti abbiano il coraggio di far valere le loro idee.

L'individuo dotato di coraggio civico non ricerca la contrapposizione fine a se stessa. Agisce in base a un'istanza democratica, nella speranza che la giustizia trionfi, che la propria espressione di dissenso venga accolta da altri, che alla giusta causa sia concessa una possibilità di successo[126].

Il coraggio per eccellenza è quello intellettuale in altre parole la capacità di capire cosa sta accadendo, di giudicare autonomamente senza farsi condizionare dalla propaganda, è la capacità di esibire in modo manifesto le proprie idee da parte dell'individuo.

La terza virtù civica è la solidarietà in pratica ogni volta che una persona a noi vicina cade vittima di qualche forma di sopruso o violenza, di un abuso di potere dobbiamo sostenere la causa dando prova non solo di coraggio civico ma di solidarietà rimanendo al suo fianco, difendendola da chi la minaccia.

> «Dobbiamo fare di più: in una manifestazione di concreta solidarietà dobbiamo rimanere al suo fianco, offrirle il nostro consiglio e un riparo dal suo persecutore»[127].

Anche la prudenza è una virtù cioè è necessario valutare ponderatamente un evento ("*phronesis*", saggezza pratica come la definiva Aristotele). La virtù sana del cittadino è quella della prudenza, del rispetto verso l'altro e dell'impegno profuso nei confronti dell'altro.

La virtù è un "*habitus*", un'acquisizione, un'abitudine che deve assumere il cittadino con la pratica costante, valutando bene le scelte da fare.

---

[126] Ivi, 94.
[127] Ivi, 95.

S. Tommaso ha fatto trattati in cui ha scritto che fare filosofia morale significa avere a che fare con la sfera dell'agire, per questo non si può costringere l'individuo a seguire pedissequamente un decalogo perché deve essere lui a scegliere nel corso della sua vita. In ogni modo, una volta che determinate norme e regole, attraverso il processo deliberativo o contestativi, si siano rivelate buone, giuste, migliori o più giuste, si dovrà procedere alla loro concreta applicazione, ed è precisamente a quel punto che si avrà bisogno della virtù della *phronesis*[128]. Infine, nell'epoca moderna la principale virtù del cittadino è la capacità di partecipare al dibattito razionale. Se Kant aveva detto che dentro l'uomo c'è il "tu devi", la Heller dice che tutti dobbiamo di volta in volta scegliere. Non c'è più un'etica formale, come quella kantiana, che si impone al singolo, ma quest'ultimo è libero di scegliere. Sia la dittatura che il razionalismo si oppongono al valore della libertà del cittadino, al principio della pari opportunità. Invece, nessuno è autorizzato ad imporre ad altri il proprio punto di vista o la sua volontà. La convinzione deve basarsi sulla argomentazione. «La procedura appropriata richiede la disponibilità, da parte di tutti gli interessati, a partecipare a tale dibattito»[129]. Da tutto questo si può trarre come il buon cittadino sia colui che agisce con impegno e responsabilità all'interno del suo contesto; nessun genere di istituzione, di ideologia, di comunità ci toglie dalle spalle il peso di costruire un rapporto individuale verso i sistemi di valore, di doverci assumere la nostra responsabilità personale. «È solo il buon cittadino, che interpreta i propri diritti come responsabilità. Un buon cittadino è impegnato, per quel che concerne la giustizia e l'ingiustizia»[130]. A tal proposito, una posizione di grande centralità assunta nel dibattito della filosofia politica moderna è il problema della giustizia che può essere ricollegata alla condizione del postmoderno e alla crisi delle grandi narrazioni, dato che non è

[128] Ivi, 97.
[129] Ivi, 98.
[130] ID, *Filosofia morale*, *op. cit.*, 215.

più possibile presupporre che la storia sia in grado di mostrare chi ha ragione, né che un criterio di giustizia possa essere identificato nel livello trascendentale.

Ancora una volta l'individuo contingente, e di conseguenza la società, devono ripensare categorie e criteri per definire la giustizia. Il concetto di giustizia sviluppato da Heller in *Oltre la giustizia*[131] vuole essere incompleto e dinamico. Concepire la giustizia in termini di incompletezza e dinamicità non significa solo affermare che le regole in vigore si applicano a tutti nello stesso modo (come vorrebbe un concetto formale di giustizia); il concetto dinamico di giustizia comprende anche procedure in grado di assicurare che le norme e le regole sociali e politiche considerate già valide siano messe alla prova, e cambiate se necessario. Importante è porre l'accento come questo atteggiamento sia intrinsecamente pertinente al moderno; l'idea della dinamicità della giustizia intende, infatti, stabilire una comune fondazione normativa per diversi stili di vita, e non istituire una unica *Sittlichkeit* intrinseca a questo modello ideale. Quindi, la giustizia dinamica si riferisce non all'applicazione ma al mutamento delle norme e delle regole. In questo senso i modi di vita possono essere interconnessi se a) hanno certe norme in comune e b) sono equiparati da norme in comune. La questione sollevata dal concetto etico-politico incompleto di giustizia suona: come è possibile un universo pluralistico nel quale ciascuna cultura sia connessa ad ogni altra cultura da vincoli di reciprocità simmetrica?[132].

La Heller articola l'argomento in modo provocatorio.

Una società del tutto giusta non esiste, e forse non è nemmeno desiderabile, perché la società completamente giusta sarebbe quella nella quale è applicato il solo concetto statico di giustizia, e nella quale vige un solo sistema di norme e regole, oppure quella in cui ogni cultura ha il suo sistema di norme e di regole, ma nessuno osa mettere in discussione quello degli altri. Questa

[131] Cfr. ID, *Oltre la giustizia*, *op. cit.*,

[132] A. HELLER, *Oltre la giustizia*, *op. cit.*, 293.

società, osserva la Heller, sarebbe un incubo, più che un sogno[133]. Nelle società di oggi non si può dare per scontato nessun tipo di consenso, Heller si riallaccia ad Habermas, e sottolinea come l'etica del discorso non sia solo il processo legislativo più desiderabile, ma anche l'unico possibile.

La sua rielaborazione di Habermas si limita alle norme sociali e politiche, e prevede che «una norma (legge) sociale e politica può pretendere validità solo se tutti gli interessati, come partecipanti ad un discorso politico, mirano ad un accordo sulla validità della norma»[134].

La giustizia dinamica si realizza solo grazie ad un discorso al quale abbiano preso parte tutti quelli che sono interessati dalla norma in discussione. Secondo la Heller non si può entrare neanche nella comunicazione con l'attesa di avere dei risultati se non si condividono già dei valori, prima di avviare la discussione. Habermas invece vuole formalizzare la teoria della comunicazione completamente e la Heller non crede «nella formalizzazione totale dell'abilità dell'argomentazione»[135], è convinta che ci debba essere sempre un 'archetipo, un valore, un punto di vista che deve essere accettato prima dell'argomentazione, poiché se non vi fosse un punto di partenza, un *background* di valori accettato prioritariamente al quale si può ricorrere, non otterremo mai niente. Il principio in forza del quale questa massima può essere rivendicata come universalmente valida è ancora una volta kantiano, ovvero la massima trascendentale secondo la quale nessuno deve mai usare gli esseri umani come mezzi, ma solo come fini.

La giustizia, secondo Heller, non è una specie di formula chimica, ma un continuo *work in progress* al quale si deve tendere in quanto idea regolativa. Si tratta di tendere verso l'obiettivo di una società che riesca ad offrire le stesse *chances*, anche se non può garantire uguale risultato.

---

[133] Ivi, 297-298.
[134] Ivi, 230.
[135] ID, *Intervista biografico-filosofica*, *op. cit.*, 583.

La Heller non s'illude sul fatto che possa mai esistere una ricetta definitiva per la giustizia sociale; ciò che è più importante è la giustificazione, è la tensione verso l'idea regolativa che informa di sé le soluzioni concrete di volta in volta elaborate. Per questo si potrà dire, questo rimedio è più giusto di un altro, e domani forse ne troveremo uno ancora migliore. Non si deve volgersi ad un "Tempo Uno" nel quale i membri di un particolare gruppo sono uniti da legami di reciprocità simmetrica, ma piuttosto pensare in termini di un continuum: il "Tempo uno" si verifica ogni volta in cui questi legami di reciprocità simmetrica si verificano in gruppi concreti di persone. Scrive la Heller:

> Il Tempo Uno è un continuum. Il Tempo Uno universale dell'universo pluralistico in cui tutti i modi di vita sono uniti da legami di reciprocità simmetrica è l'idea regolativa di tutti i Tempi Uno. Tuttavia la massima universale della giustizia dinamica e il discorso di valore sono idee costitutive di tutti Tempi Uno[136].

Ci sono dunque tanti tempi uno diversi, ma il vero "Tempo Uno" non è un momento individuale, ma un'idea regolativa.

Non si sa che cosa è il risultato: ma in ogni caso il processo è guidato e plasmato dall'idea regolativa che ne costituisce il fine ultimo. In una società oltre la giustizia non si uniforma passivamente alle leggi; esiste la possibilità per gli uomini buoni di impegnarsi dando valore alla loro esistenza:

> L'empatia, la simpatia, la magnanimità, il perdono, la disponibilità ad aiutare, a consolare, a dare consigli, tutte queste cose sono atteggiamenti e atti virtuosi oltre la giustizia. [...] Chi subisce una calunnia pur di non tradire la confidenza di un amico va oltre la giustizia. Chi dice chiaramente quello che pensa e sa che così facendo rischia di perdere il proprio lavoro e la propria condizione sociale, va oltre la giustizia. Chi dà un consiglio buono in una disputa familiare, rischiando di essere odiato da tutti gli interessati, va oltre la giustizia[137].

Il valore fondamentale del messaggio della Heller è quello di auspicare ad una società buona con il valore alto della rettitudine, ponendosi la domanda:

[136] ID, *Oltre la giustizia*, *op. cit.* p. 331.
[137] Ivi, p. 423.

«che devo fare, qual è la cosa giusta per me?». Importante è impegnarsi pur non essendo buoni cittadini ma solo "persone rette".

Le persone rette sono spesso impegnate a favore delle tante vittime degli assetti ingiusti, senza formarsi delle opinioni su questi assetti. In nessun caso potremmo considerare la Sonia di Dostoevskij (in *Delitto e Castigo*), o Myšhkin (nell'*Idiota*), come dei buoni cittadini, e tuttavia entrambi sono, senza dubbio, persone buone e rette[138].

Quello che la Heller vuole dire è che questa donna descritta dallo scrittore tedesco ha incarnato i principi della rettitudine del buon cittadino, perché lei ha avuto il coraggio di dire apertamente al colpevole che aveva sbagliato, e smascherarlo. Il problema è che lei fa parte di quella categoria di emarginati e che quindi non può lottare per la giustizia. Noi invece dobbiamo prendere in considerazione queste virtù di Sonia, ma a differenza di quest'ultima facciamo parte di un contesto socio-politico in cui possiamo esprimerci e difendere le nostre idee.

Un buon cittadino non deve essere necessariamente una persona retta; è possibile compiere tutti gli atti richiesti senza conformarsi ai principi generali di applicazione morale della vita quotidiana, cioè molto spesso ci sono coloro che fanno proprie le virtù del buon cittadino solo per la forma, ma non incarnano, non riescono a coniugare la virtù intellettuale con la virtù morale. Siamo noi stessi che ci scegliamo come persone rette o come buoni cittadini ognuno a modo suo; il buon cittadino nella misura in cui è consapevole della coscienza universale mobiliterà le sue virtù civiche in azioni che mirino a correggere l'ingiustizia negli altri stati indipendentemente dalla responsabilità del suo stato. Fondamentale è esporre il proprio parere, accettare criticamente le norme; questo è compiere un'azione politica creando movimento, testimonianze, non essere cittadini passivi; come ha fatto del resto Socrate che ha disubbidito all'interno di un sistema di leggi vigenti non diventando, però, un fuorilegge.

[138] ID, *Filosofia morale*, *op. cit.*, p. 215.

Egli ha lottato contro il conservatorismo ideologico e contro il relativismo mascherato da progressismo ma in realtà subordinato ad interessi personali e professionali; in altre parole ha lottato contro la ragione soggettiva e formalistica di cui si facevano campioni i sofisti.

In un passo della Heller (riferendoci a come dovrebbe essere un buon cittadino) nell'ultimo capitolo di filosofia morale ella si domanda chi è una persona impegnata?

Scrive Heller :

> La persona impegnata non è uno spettatore, non si può essere impegnati senza essere attivamente legati a qualcosa, uno scopo, un obiettivo di singoli e gruppi, posto che questo sia vincolato da idee supreme, in particolare da quella di libertà[139].

La Heller vuole meglio delineare questa figura dell'uomo impegnato perché è molto attratta da una distinzione che aveva già fatto Luckacs, quella tra l'"entusiasta astratto" e l'"entusiasta concreto". La Heller pone in evidenza come molto spesso, nel coltivare un'idea, ci facciamo talmente prendere da lei, al punto da perdere completamente la nostra autonomia morale.

Talvolta l'ideale perseguito dall'uomo è talmente grande e lo sovrasta a tal misura da mutilarlo della sua stessa coscienza morale.
Egli pensa solo ad attuare, a concretizzare nella prassi quell'ideale supremo a cui aspira ed è inevitabile che dispieghi tutte le proprie forze e la propria volontà in vista di ciò.

La persona impegnata, attiva politicamente e retta è mossa dall'aspirazione alla realizzazione del fine che si è posta, ma non deve, nel suo perseguimento, essere indotta a dimenticare le massime morali. Invece molto spesso colui che la Heller definisce "entusiasta astratto" si fa prendere prepotentemente dall'idea e non tiene conto del contesto in cui si trova, ma soprattutto – in nome di essa – perde di vista i principi morali.

---

[139] Ivi, p. 274.

Questo può essere molto pericoloso qualora la politica strumentalizzi questo "entusiasta astratto" per il raggiungimento dei suoi scopi. Infatti, scrive la Heller:

> Ogni qualvolta l'"entusiasta astratto" è stato introdotto e praticato nessuna forza politica si è lasciata sfuggire l'opportunità di mobilitarlo e strumentalizzarlo. Esso è stato investito in particolare nella nobile idea di nazione e di patria nei campi di sterminio[140].

La Heller fa riferimento alla I Guerra Mondiale laddove l'idea dominante era quella della nazione, un'idea che doveva affermarsi in maniera assoluta a detrimento di tutte le altre nazioni, di tutte le altre popolazioni. Ed infine lei scrive: «fu l'astratto entusiasmo per la liberazione dell'umanità a promuovere – consapevolmente o meno – l'emergere dei regimi totalitari»[141].

Va sottolineato, infatti, che alla base dei regimi totalitari vi è l'esigenza di promuovere un ideale astratto, un ideale che tanto più avulso è quanto più finisce per distaccarsi dalla realtà; quanto più l'entusiasta è attratto da un ideale astratto quanto più rischia di perdere di vista i principi morali che dovrebbero dirigere il suo agire. Kant, addirittura, parlando dell'entusiasmo, svolge una distinzione fra l'attore e lo spettatore. Finché la persona retta rimane lo spettatore, in altre parole si limita a partecipare ad uno spettacolo, è affascinato da quell'idea che nutre, ma non perde mai la sua autonomia, la sua capacità di autodeterminarsi, di decidere in base alle massime morali che ha interiorizzato. Lo spettatore contempla sì lo spettacolo, mira ad un ideale ma senza lasciarsi travolgere da quest'ultimo (annullando la propria coscienza morale).

Il pericolo subentra, quando lo spettatore diviene anch'esso attore, in altre parole entra nella scena, perdendo in tal modo la sua capacità raziocinante, quella che la Heller definisce "autonomia morale", capacità di autodeterminazione del singolo indipendentemente dal contesto in cui si muove. L'entusiasta concreto è conscio del valore della sua persona, per questo sa che in

---

140 Ivi, p. 273.
141 Ivi, p. 274.

nome dell'idea perseguita può compiere dei sacrifici, ma, non è talmente rapito da tale idea, al punto da dimenticare se stesso.

Si può citare l'esempio di Rasckolnicov, il protagonista del romanzo di Dostoevskij *Delitto e Castigo*. Questi, nella prima parte del romanzo, è talmente ossessionato dall'idea di uccidere la vecchia usuraia, rapito dall'entusiasmo astratto [tant'è vero che mentre si guarda allo specchio dice: «Io devo realizzare la mia idea!»] al punto da perdere di vista se stesso, la propria coscienza morale. Questa idea lo sovrasta e la menziona in ogni momento. Egli vuole diventare un nuovo Napoleone. Non è solo un bigotto come tutti gli altri uomini ma è un uomo che si deve distinguere perché compirà un'azione eccezionale, di valore universale. Ed è talmente ossessionato da tale idea da dimenticare la propria coscienza morale, il senso di colpa che – dopo aver commesso il delitto – lo divorerà. Molto spesso l'entusiasta astratto è chi, in un certo senso, fa decidere gli altri, l'idea che lo sovrasta cosicché viene meno quella che per la Heller è la capacità fondante e fondamentale per ogni individuo: la capacità d'autodeterminazione.

Cosa dice la Heller a proposito dell'entusiasta concreto?

La persona retta è quella che può compiere – nello spirito dell'entusiasmo concreto – dei sacrifici, ma è "in primis" una persona che sa anche che, se un particolare fine esige una violazione delle norme più alte, delle massime morali, deve essere disposta ad accantonare quell'idea.

La persona retta, mossa dall'entusiasmo concreto, non è come il "fondamentalista", il quale – in nome di una data idea – non tiene neanche in considerazione il valore altissimo della propria vita. Il fondamentalista è colui il quale si fa completamente soggiogare dall'idea e finisce col perdere la propria capacità raziocinante. Continua la Heller:

> Benché la persona retta non rinunci mai, nelle azioni orientate ai valori, alla propria autonomia morale può tendere per un determinato fine a produrre la propria autonomia non morale[142].

Questo significa che una persona retta, colta dall'entusiasmo concreto, è in grado di compiere sacrifici, di compiere rinunce in nome di tale ideale, ma a patto che questo non comporti la violazione delle norme morali più alte. La persona retta, animata dall'entusiasmo concreto, è quella persona che può porsi al servizio del suo "fine" ed è, quindi, disposta a svolgere grandi sacrifici. Tuttavia a differenza dell'entusiasta astratto quello concreto mira "consapevolmente" a realizzare un dato fine, un ideale prefissatosi. L'entusiasta concreto è conscio di andare incontro a sacrifici, rinunce, ma – contrariamente a quello astratto – lo fa in maniera consapevole. Inoltre, la persona retta (mossa dal concreto entusiasmo) può sacrificare anche la propria autonomia nel perseguimento di uno scopo ma solo se ciò non lede l'autonomia dell'altro. Nel suo agire la persona retta deve (categoricamente) tener conto dell'altro; infatti, il fondamentalista, preso totalmente dall'idea, non si pone neppure il problema dell'esservi dell'altro. Prosegue la Heller:

> Inoltre, l'incanto dell'entusiasmo astratto fa nascere un'altra presunta convinzione: quella che tanto più è universale il fine da raggiungere, tanto più si deve salvare l'umanità – secondo l'entusiasta astratto – tanto più sarà moralmente alto il valore di questa azione[143].

Qual è, dunque, il discrimine fondamentale con l'entusiasta concreto? Quest'ultimo tanto più vede l'ideale astratto, generale quanto più diviene sospettoso in quanto si rende conto che non sono gli scopi a dover essere universali bensì i valori. Infatti, scrive la Heller:

> È in nome della liberazione dell'umanità che milioni di persone sono state uccise nei campi di concentramento. Quanta più astratta è l'idea tante più aberrazioni morali si compiono[144].

[142] Ivi, p. 275.
[143] Ivi, p. 276.
[144] Ivi, p. 277.

Si evince, perciò, come non debbano essere universalizzati gli scopi nell'agire morale, ma piuttosto le azioni devono essere motivate da valori universali, da massime morali. C'è solo un'idea, un universale concreto – dice – la Heller che può essere perseguito come scopo da ogni persona retta: qual è? La giustizia e lo spazio pubblico all'interno del quale il cittadino agisce politicamente. Per la Heller c'è la possibilità di essere una persona retta, anche se attuarla è un'impresa ardua, giacchè vi è sempre l'azione omologante del sistema sociale. Secondo la Heller, lo scopo della filosofia morale non è quello di saper elaborare norme che devono essere pedissequamente eseguite ma di darci degli "orientamenti". Il cittadino, per poter essere responsabile, deve essere mosso dall'ideale utopico, deve essere sospinto dall'utopia nel suo agire.

Il tendere del cittadino ad un qualcosa d'ideale è una spinta ad agire, ad andare "oltre la Giustizia", in senso trascendentale, ad impegnarsi. L'azione retta non è un mezzo per un fine, io non reagisco per realizzare il miglior mondo possibile, ma conserva la speranza che questo mondo si realizzi. Questa è la forza morale che mi fa agire da persona retta perché se questo mondo morale fosse esistente non ci sarebbero più né buoni né cattivi quindi non avrebbe più senso portare avanti la lotta, lottare affinché questi valori siano realizzati. Agire da persona retta significa molto spesso agire da persona utopica, da persona che si muove in una direzione che non è più quella reale, ma quella dell'aspettativa la cui tensione etica è volta sempre alla realizzazione di un progetto[145].

Sosteneva il teologo Ladislaus Boros, «L'uomo non va capito dal suo passato, quanto dal futuro che egli sogna»[146]. Questo non significa dimenticare le delusioni e le amarezze ma volgere lo sguardo verso il futuro. Ogni uomo vive in quanto ha delle aspirazioni e fa dei progetti; in una parola in quanto spera. La speranza è l'espressione immediata del modo concreto di esistere dell'uomo storico, designato da sempre come stato di chi è in cammino. Sperare,

---

[145] ID, *Perché non dobbiamo tentare*?, in «La non violenza è in cammino», 316, 17 dicembre (2001).
[146] L. BOROS, *Vivere nella speranza*, Queriniana, Brescia 1969, pp. 111-119.

dunque, non è per l'uomo soltanto un bene, ma è il senso profondo e la struttura della sua esistenza nel mondo[147].

Nella riflessione della Heller la speranza non è facile ottimismo ma è una continua conquista, un cammino faticoso che porta l'uomo alla costante ricerca di senso del proprio io, alla necessità di individuare il valore che da senso all'esistenza.

L'agire proprio della persona è lontano da egoismi, individualismi, organicismi, rappresentati da certi stili sociali. La persona è "impegno storico", apertura all'altro, disponibilità[148]. Per Heller, esistere significa, infatti,

> vivere, ogni giorno, consapevoli del compito da svolgere, dell'essere saldi nella propria rettitudine, a dispetto del male e dell'ingiustizia del mondo. In questo senso essere retti diventa una virtù connessa alla costruzione personale, perché è l'esercizio di questa virtù che fa diventare pienamente se stessi, nel momento in cui si è solleciti verso gli altri, anche a dispetto del contesto sociale di appartenenza[149].

Da questo punto di vista, l'esistenza è intesa come impegno totale in tutte le forme che servono per fare l'uomo più umano, ossia più libero da condizionamenti quali il potere, il conformismo, l'avere.

Andare "Oltre la giustizia" significa superare l'ottica riduttiva con la quale è spesso considerata la giustizia come semplice convenzione umana. Il giusto non è solamente dettato dalla legge ma dalla dignità della persona, dall'identità profonda dell'essere umano[150].

> La giustizia, in realtà, è una virtù morale che indirizza la volontà umana perché renda all'altro ciò che gli spetta in ragione del suo essere e del suo operare. La giustizia verso gli uomini dispone a rispettare il diritto di ciascuno e a stabilire nelle relazioni umane l'armonia che promuove l'equità nei confronti delle persone e del bene comune[151].

---

[147] Cfr. G. PIANA, *Speranza*, in Dizionario teologico, a cura di J. Bauer e C. Molari, Cittadella, Roma 1974, p. 684.

[148] Cfr. V. MELCHIORRE, *Essere persona. Natura e struttura*, Officine Grafiche, Novara 2007, 260-261.

82 G. COSTANZO, *Agnes Heller : costruire il bene. Una teoria etico-politica della giustizia*, *op. cit.*, 185.

[83] Cfr. E. COMBI, E. MONTI, *Fede cristiana e agire sociale*, Centro Ambrosiano, Milano 2001, cit., 288-289.

[151] CCC, n. 1836.

In questa prospettiva la giustizia favorisce la crescita della società in quanto il riconoscimento del valore della persona conduce all'apertura all'altro. Heller scrive :

> È possibile una guerra giusta? Può essere giusta la violenza? Può essere considerata giusta la libertà accordata a una persona (in certi casi la vita)? Abbiamo il diritto di mutare la possibilità di vita di un raggruppamento sociale per migliorare le possibilità di vita di un altro raggruppamento, e se sì, in quali casi, come, a quali condizioni? Abbiamo il diritto di salvare la vita ad una persona contro la sua volontà (esempio, per mezzo di apparecchi in grado di tenere in vita artificialmente, una persona)? Si possono rendere libere le persone contro la loro volontà? possiamo optare in favore dell'ingegneria genetica allo scopo di incrementare le aspettative della vita[152].

La filosofa ungherese non da indicazioni precise su come agire e comportarsi. Ogni persona nel rispetto di se deve realizzare la propria libertà. Non la liberta di Kierkegaard, come se si "fosse gettati nella libertà" ma la libertà di attuazione dell'essere uomo e donna[153].

Andare *Oltre la giustizia* significa, allora, per la Heller, avere come meta per le nostre scelte il bene comune, in quanto bene di tutti gli uomini e di tutto l'uomo.

[152] A. HELLER, *Oltre la giustizia*, *op cit.*, 169.
[153] Aa. Vv., *Ebraismo, etica, politica. Per Agnes Heller*, in «Babeonline», 7, Mimesis, 77-88.

# Bibliografia

## Opere citate di S. Tommaso d'Aquino

*Summa theologiae, I-II, q. 90-95,* Studio Domenicano, Bologna 1996, 701-735.

*Summa contra Gentiles, libro III* , Studio Domrenicano, Bologna 2001, 114-120.

## Opere citate di Edith Stein

*Il problema dell'empatia*, tr. it. Elio Costantini ed Erika Schulze Costantini, Studium, Roma 1985

*Storia di una famiglia ebrea. Lineamenti autobiografici: l'infanzia e gli anni giovanili*, tr. it. di Barbara Venturi, Città Nuova, Roma 1992

*Psicologia e scienze dello spirito*, Città Nuova, Roma 1999

*La struttura della persona umana*, tr. it. di Michele D'Ambra, Città Nuova, Roma 2000,

## Studi citati su Edith Stein

ALES BELLO A., *Fenomenologia dell'essere umano, lineamenti di una filosofia al femminile*, Città Nuova, Roma 1992

BOELLA L., *Cuori pensanti*, Tre Lune edizioni, Mantova 2001

BOELLA L., BUTTARELLI A., *Per amore di altro. L'empatia a partire da Edith Stein*, Raffaello Cortina, Milano 2000

CERRI MUSSO R., *La pedagogia dell'Einfühlung: saggio su Edith Stein*, La Scuola, Brescia 1995

DI PINTO L., *Il respiro della filosofia in Edith Stein*, Laterza, Bari 1999.

MANGANARO P., *Empatia*, EMP, Padova 2014.

VIGONE L., *Introduzione al pensiero filosofico di Edith Stein*, Città Nuova, Roma 1991.

## Scritti citati di Agnes Heller

HELLER A, *Oltre la giustizia*, Il Mulino, Bologna 1990.

HELLER A, *Etica generale*, Il Mulino, Bologna 1994.

HELLER A,. *Filosofia morale*, Il Mulino, Bologna 1997.

HELLER A, *La bellezza della persona buona,* Diabasis, Reggio Emilia 2009.

HELLER A., *Senza il nostro impegno*, in «La non violenza è in cammino», 165, 30 marzo (2001).

HELLER A., *Perché non dobbiamo tentare*?, in «La non violenza è in cammino», 316, 17 dicembre (2001).

HELLER A., *L'etica della personalità. L'altro e la questione della responsabilità*, in «La società degli individui», 2, 1998, pp. 132-148.

HELLER A., *Ripensando le categorie del politico*, in «Mondoperaio», 1, 1990, p. 83.

HELLER, A. *Senza il nostro impegno*, in «La non violenza è in cammino», 165, 30 marzo (2001).

HELLER, A., *Grandi speranze alla deriva. Intervista ad Agnes Heller*, a cura di A. Merlo, in «Il Manifesto», 12 febbraio, (1999).

HELLER A, *Persone perbene. Rettitudine e innocenza nel mondo postmoderno*, EDB, Bologna, 2015,.10-11.

HELLER A., *Oltre la giustizia*, Il Mulino, Bologna 1990.

## Altri studi e opere Filosofiche citate

ALES BELLO, A., *Husserl. Sul problema di Dio*, Studium Roma 1985

BERNHARD, A., *Alla ricerca della giustizia,* Congresso Internazionale per Giovani Giuristi - Castel Gandolfo, Roma 27 febbraio – 1 marzo 2009 .

BOBBIO, N., *L' età dei diritti,* Einaudi, Torino, 1992.

CARBONE, S., *Istituzioni di diritto internazionale,* Giappichelli, Torino, 2006.

CATTANEO, M., *Pena, diritto e dignità umana : Saggio sulla filosofia del diritto penale,* Giappichelli, Torino, 1990.

COPPOLA, R., *La non esigibilità nel diritto penale canonico,* Cacucci, Bari, 1992.

COSTA, FRANZINI, SPINICCI, *La fenomenologia,* Einaudi, Torino 2002,

COTTA, S., *Diritto, persona, mondo umano,* Giappichelli, Torino, 1989.

COTTA, S., *Il diritto nell'esistenza,* Giuffrè, Milano, 1991.

DAL PRA, M., *Dizionario critico di filosofia,* ISEDI, Torino, 1980.

D'ANTONIO, F., *La giustizia: studio di filosofia giuridica,* La Nuova Italia, Firenze, 1938.

DEL VECCHIO, G., *La giustizia: Saggio di filosofia del diritto,* Studium, Roma, 1961.

FASSÒ G., *Storia della filosofia del diritto,* vol. I, Il Mulino, Bologna 1966

FRANZINI E., *Fenomenologia,* Franco Angeli, Milano 1991.

GONELLA, G., *La persona nella filosofia del diritto,* Giuffrè, Milano 1959.

HEIDEGGER M., *Essere e Tempo*, tr. it. di Pietro Chiodi, Longanesi & C., Milano 1995

HUSSERL E., *La crisi delle scienze europee e la fenomenologia trascendentale*, tr. it. di Enrico Filippini, Il Saggiatore, Milano 1961.

HUSSERL E., *Idee per una fenomenologia pura e per una filosofia fenomenologica*, vol. I, tr. it. a cura di Giulio Alliney, Einaudi, Torino 1950,

HUSSERL E., *Idee per una fenomenologia pura e per una filosofia fenomenologica*, Vol. II, tr. it. a cura di Enrico Filippini, Einaudi, Torino 1976 .

LIPARI N., *Diritto e valori sociali: legalità condivisa e dignità della persona,* Studium, Roma, 2004.

MARTINI, C. M. / ZAGREBELSKY, G., *La domanda di giustizia,* Enaudi, Torino, 2003.

MUSSELLI, L., *Manuale di diritto canonico,* Monduzzi,Bologna, 2002.

PERTICONE, G., *La filosofia del diritto come filosofia della giustizia,* Edizioni dell' Ateneo, Roma, 1962.

PIZZORNI R.,, *Diritto naturale e diritto positivo in s. Tommaso d'Aquino*, Studio Domenicano Bologna 1999.

PIZZORNI R., *Il diritto naturale dalle origini a S. Tommaso d'Aquino*, Studio Domenicano, Bologna 2000.

PIZZORNI, R., *Giustizia e carità,* ESD, Bologna, 1995.

TARANTINO, A., *Della giustizia come carità: comunicazione,* Atti del I Congresso delle società filosofiche del Mezzogiorno d'Italia, Ricerche filosofiche, Roma 1966.

VIOLA, F., *Nove lezioni sulla legge naturale*, Jaca Book, Milano 1985.

Printed by Books on Demand GmbH, Norderstedt / Germany